O Espiritismo

Maurice Lachâtre

O Espiritismo

Uma Nova Filosofia

Organização, Apresentação e Notas

François Gaudin

Tradução

Irene Goodjes

lachâtre

Maurice Lachâtre, editor, escritor, livreiro e ativista, aos 58 anos

Instituto Lachâtre
Caixa Postal 164 – Cep.: 12914-970
Bragança Paulista – SP
Tel/Fax: (11) 4063-5354
www.lachatre.org.br
contato@lachatre.org.br

Capa: César França de Oliveira
Revisão: Alexandre Caroli Rocha

1ª edição – março/2014

CIP-Brasil. Catalogação na fonte

Lachâtre, Maurice (1814-1900)

O espiritismo, uma nova filosofia / Maurice Lachâtre – 1ª edição, Bragança Paulista, SP: Lachâtre. 2014.

160p.

Espiritismo. 2. Lachâtre, Maurice, 1814-1900. I. Título. II. Biografia.

CDD 133.3 CDU 133.7

Impresso no Brasil

Presita en Brazilo

Sumário

Pequena Biografia de Maurice Lachâtre (1814-1900)

François Gaudin
CNRS e Université de Rouen (França)

A verdade é um espelho
quebrado em mil milhões de pedaços,
e se ninguém tem uma mão grande
o bastante para coletar todos os
pedaços, cada um tem o direito e
o dever de trazer sua quota para
recompô-lo todo.

Esta frase, assinada por Felix Pyat, corresponde perfeitamente a Maurice Lachâtre, um dos seus melhores amigos. De fato, se tentarmos evocar a vida de Lachâtre hoje em dia, enfrentamos uma escassez de registros que permite apenas reproduzir uma imagem feita de pedaços às vezes mal ajustados. Isso sem falar de sua vida que em si apresenta muitas facetas, uma vez que se envolveu em muitas empresas e esteve em contato com meios sociais muito diferentes durante sua longa existência. Nessa série de aventuras editoriais, intelectuais ou políticas, o leitor poderá constatar que o espiritismo, que é o tema deste livro, ficou presente em sua vida durante bastante tempo, ainda que de maneira relativamente discreta.

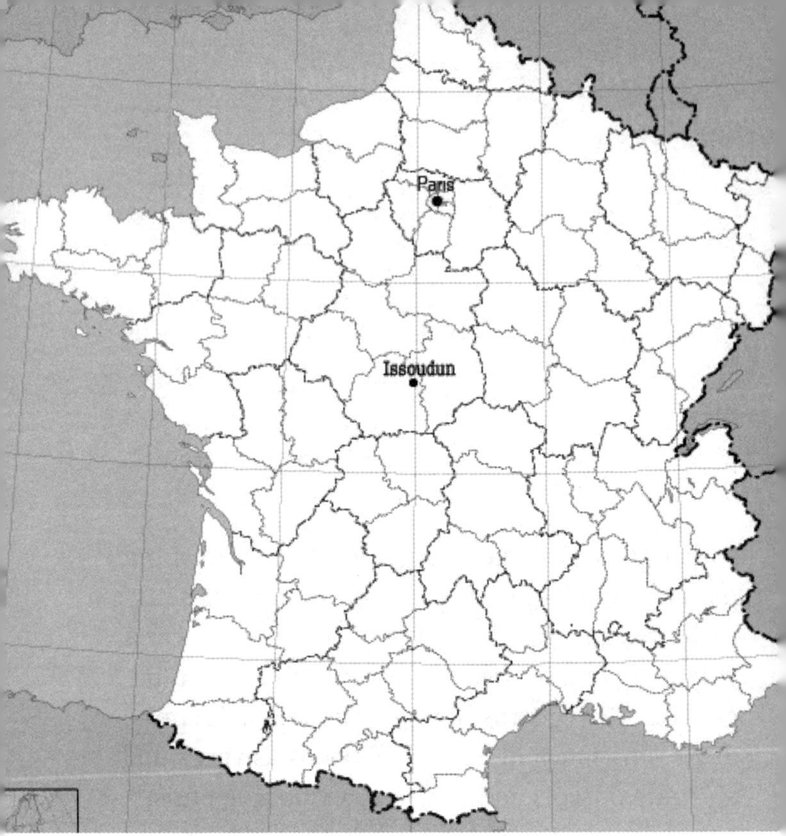

Mapa da França, destacando Issoudun, no departamento de Indre

Infância e juventude (1814-1832)

Não se nasce num lugar qualquer. Os espíritos mais independentes são marcados pelas condições fortuitas de seu nascimento. Claude, Maurice de la Chastre nasce no dia 14 outubro de 1814. Conforme as épocas, ele se faz chamar Delachâtre, de La Châtre, La Châtre ou Lachâtre. Esta última forma sendo a mais comum, vamos mantê-la.

Quando ele nasce, Napoleão I está vivendo seus últimos momentos como Imperador. O retorno da monarquia ocorre em 1815. É o início da Restauração, com Luís XVIII.

Maurice Lachâtre nasce em Issoudun, no centro da França, em uma região pouco atraente, com pequenas colinas, que se pode atravessar sem sentir necessidade de parar. Issoudun é, então, uma pequena cidade rural, localizada fora das estradas principais. Como a cidade tem várias escolas, Maurice vai frequentar uma delas. Sua família, estabelecida nesta região há várias gerações, faz parte da pequena nobreza: trata-se de uma linhagem de senhores que possuem terras, ocupam cargos importantes e são relativamente afortunados. O pai de Maurice, um soldado de carreira, subiu um degrau acima de seus antepassados. Após lutar nos exércitos do Império, e devido aos seus bons serviços, ele recebeu o título de barão do Império de Napoleão I. Quando seu pai morre, em 1820, Maurice herda o título de barão. Nessa época, ele tem apenas seis anos de idade.

Em 1826, o jovem Maurice deixa a escola de sua cidade e inicia estudos que devem levá-lo às forças armadas profissionais. Ele entra no colégio Prytanée de la Flêche, uma academia militar e, após as Três Gloriosas e o início da Monarquia de Julho, em 1830, ele ingressa na prestigiosa École Saint-Cyr, que treina oficiais. No início do reinado de Luís Felipe, ele começa uma carreira que vai levá-lo a ser fiel aos ideais do quadro militar do Império, de acordo com o projeto de Napoleão I, que havia estabelecido várias instituições militares.

Mas o projeto dura pouco tempo. Ele é despedido no dia 4 de março de 1831, com um grupo de outros jovens da École Saint-Cyr, provavelmente por ter participado de uma manifestação antimonarquista e anticlerical que resultou no saque da Igreja de Saint-Germain l'Auxerrois (Paris). Um ano se passa e ele chega, no dia 1° de abril de 1832, ao segundo regimento de *Chasseurs d'Afrique* (Caçadores da África). Ele descobre na Argélia – onde as tropas francesas desembarcaram em junho de 1830 – as realidades militares do colonialismo e participa das batalhas contra o exército de Abd-el-Kader. Na Argélia, ele permanece até os dezoito anos. No dia 17 de outubro de 1832, deixa o regimento e vira as costas ao exército, que ele conhece bem, enriquecido agora de uma educação física e intelectual sólida, com um senso do rigor e uma experiência da guerra que vem reforçar a sua coragem física.

Escola Militar de Saint-Cyr, fundada por Napoleão I, em 1802

Os anos de formação (1832-1839)

Ele decide voltar para casa. Sua mãe mora uma parte do ano em Paris. É muito provável que tenha sido na capital que ele aderiu às ideias de Saint-Simon, um dos primeiros socialistas utópicos. Saint-Simon morreu em 1825, mas seus seguidores são ativos. Maurice Lachâtre não faz parte dos afiliados conhecidos, mas ele resolve andar pelas estradas da França pregando a palavra do mestre e tem como objetivo o Oriente. Parado na fronteira pela cólera, ele se estabelece no sul da França, na pequena cidade de Le Muy. De dia, ele trabalha com um carpinteiro e, de noite, ele dá aulas. Mas, em 11 de abril de 1835, ele é condenado pela justiça em Draguignan por abrir uma escola sem patente nem autorização.

O jovem não tem dinheiro, mas tem recursos e sabe se relacionar, portanto vai ficar no sudeste. No ano seguinte, em 1836, está em Montpellier, onde trabalha para um editor parisiense, Robert Arnault, provavelmente como entregador. Aos vinte e dois anos, Maurice Lachâtre aprende os ofícios da livraria e os segredos da divulgação. Não vai demorar muito a criar seu próprio negócio.

Um novo editor (1839-1848)

Em 1839, sob o registro de *Administration de librairie*, ele se instala como livreiro e editor num período de expansão da livraria francesa. Sua carreira durará mais de 60 anos, e mesmo se seu catálogo pode parecer magro comparado aos de grandes editoras, não podemos citar todos os autores que ele publicou. Em 1839, aos vinte e cinco anos de idade, ele começa a publicar a série de *Crimes célèbres* (*Crimes famosos*) de Alexandre Dumas, ajudado por sua equipe de escritores. Serão publicados oito volumes acompanhados por finas gravuras de aço. No mesmo ano, aparece um pequeno texto, *Lettre sur les fortifications de Paris* (*Carta sobre as fortificações de Paris*), do dr. N. N. Frapart. A segunda edição é realizada no ano seguinte, quando também aparecem *Les papillons noirs du bibliophile Jacob* (*As borboletas pretas do bibliófilo Jacob*).

Ainda em 1840, uma nova colaboração acontece com Alexandre Dumas, que escreve uma "Introduction sur le génie de Shakespeare" (Introdução ao gênio de Shakespeare) para a edição das *Obras dramáticas* de William Shakespeare publicada pela *Administration de librairie.*

O interesse do editor pela Inglaterra não se limita a seus autores em voga. Maurice Lachâtre viaja e, em 1840, já encontra Luís Napoleão Bonaparte. O sobrinho do imperador escreve; o filho do barão se propôs a publicá-lo – e é o que vai fazer. O prestígio do herdeiro é notável e suas ideias

Folha de rosto de *Viagens ao redor do mundo e naufrágios célebres*, publicado em 1844 pela Administration de Librairie

Charles Fourier, 1772-1837

são generosas. Podem entrar em consonância com as de Saint-Simon. Durante sua estada, ele encontra seguidores de Luís Napoleão Bonaparte. Esses encontros estão provavelmente na origem de sua colaboração, como editor, com vários amigos íntimos do futuro imperador, como Mathieu Galvani, Parquin, Moquard...

Embora professasse as ideias de Saint-Simon, Lachâtre não é homem de um só movimento. Ele também se aplica a divulgar as ideias de Fourier, outro utopista, inventor do falanstério, de modo que, em 1840, ele reedita *Fourier et son système* (*Fourier e seu sistema*), um trabalho de Zoe Gatti de Gamond, fourierista dissidente, feminista e educadora.

No catálogo da editora se misturam figuras bem diferentes, mas é provavelmente o que constitui o seu maior interesse. Na mesma época, ele publica, em 1841, os *Fragmens historiques* (*Fragmentos históricos*), de Luís Napoleão Bonaparte, e a *Organisation du travail* (*Organização do trabalho*), de Louis Blanc, uma obra em que o autor expõe a sua concepção prática do socialismo, que terá uma grande influência em 1848. Em 1842 e 1843, ele publica, como escritor e editor, *Histoire des papes: crimes, meurtres, empoisonnements, parricides, adultères, incestes* (*História dos papas: crimes, assassinatos, envenenamentos, parricídios, adultérios, incestos*). Trata-se de dez volumes, ilustrados com 101 gravuras, que vão se tornar um clássico do anticlericalismo e terão várias edições e traduções.

Nós não sabemos o valor da herança que Maurice Lachâtre recebeu de seu pai, mas sua condição financeira melhorou bastante e rapidamente a partir de 31 de março de 1845. Foi assim que ele adquiriu os Jardies, uma propriedade perto de Paris que Honoré de Balzac, o grande escritor, é obrigado a vender. No ano seguinte, comprou uma área plantada de vinhedo de mais de cem hectares na região de Bordeaux. Com trinta e dois anos, ele tem duas propriedades e uma livraria, é amigo de Louis Blanc, Luís Napoleão Bonaparte, Felix Pyat, Eugène Sue... A vida lhe sorri.

Delachâtre e Cia. (1839-1842)

A partir daí poderia continuar a história de um jovem editor-livreiro rapidamente enriquecido. Mas sua história é mais complexa do que parece.

Voltamos a 1839, o ano em que ele inicia sua carreira de editor e estreia como comerciante em Paris. Quando consultamos os diretórios de comércio desse período, encontramo-lo à frente de um banco, como evidenciado pelos arquivos de Paris de 1840-1843.[1]

Sabemos também que houve a criação de uma empresa, conforme consta nos arquivos. Maurice Lachâtre fundou a "Sociedade Delachâtre e Rivail", cuja criação foi registrada a 18 de março de 1839, com um sócio chamado Hippolyte Léon Denizard Rivail, nascido em Lyon em 1804.[2] Este será mais conhecido, quinze anos mais tarde, sob o pseudônimo de Allan Kardec. De modo que encontrar os nomes Kardec e Lachâtre associados quando o espiritismo será popularizado não terá nada de surpreendente. Esta sociedade teve por objetivo a criação de um "banco de intercâmbio", destinado a "facilitar as transações comerciais, proporcionar novas oportunidades para o comércio e a indústria, suprir a falta de recursos monetários através da troca de qualquer tipo de produto".[3] Como este

---

[1] Arch. Paris, 2 MI 3/4.

[2] Arch. Paris, D 32 U3/ 20.

[3] Arch. Paris, D31U3 83.

Hippolyte Léon Denizard Rivail, imortalizado sob o pseudônimo de Allan Kardec

banco de comércio parece não ter tido sucesso, não se pode explicar o rápido enriquecimento do futuro editor.

Sua fortuna é assegurada justamente quando ocorre a Revolução de 1848, evento que marcará para o editor, como para toda a sua geração, um marco de mudança.

Da "Primavera da Fraternidade" ao exílio (1848-1858)

Terá ele realmente participado dos acontecimentos de fevereiro de 1848? Não há nada que possa confirmá-lo, mas ele deve ter participado do entusiasmo romântico que marca a queda de Luís Felipe e a proclamação da República, pois, frequentando clubes, está ao lado dos principais líderes socialistas. O governo provisório proclama o direito ao trabalho, à liberdade de expressão, ao sufrágio universal, elimina a pena de morte e a escravidão. Mas a festa dura pouco tempo. As tensões exacerbam-se e os conflitos acabam em junho numa revolta contida por uma repressão brutal: mais de cinco mil mortos. Em dezembro, a França elege Luís Napoleão Bonaparte, presidente da República.

O editor vira a página, vende sua propriedade dos Jardies e passa a viver na província. Casa-se em julho de 1848, e uma parte significativa de seus negócios se realizará no sudoeste durante vários anos. Desse modo, ele cria em Bordeaux, em 1848 e 1849, dois jornais: *La Tribune de la Gironde* (*A Tribuna da Gironde*) e *Le Peuple souverain* (*O Povo soberano*). Assim ele tem uma filial para sua livraria parisiense. Mas os jornais são rapidamente fechados pelo efeito de leis decretadas em julho de 1849 para controlar a imprensa.

Maurice Lachâtre se põe a escrever e participa do debate de ideias através da assinatura de dois livros, publicados em 1849. O primeiro, *L'armée, son organisation, ses droits, ses devoirs, est une critique de l'institution militaire et une proposition de*

N° 1. — JEUDI, 1er FÉVRIER. LIBERTÉ, ÉGALITÉ, FRATERNITÉ. PRIX 10 CENTIMES

LE PEUPLE SOUVERAIN

JOURNAL DES TRAVAILLEURS.

Bureaux :

A BORDEAUX, allées de Tourny, no 1, à l'entresol, maison Gobineau.

S'adresser,

POUR L'ADMINISTRATION :

Au cit. HENRY DURAND, directeur-gérant

POUR LA RÉDACTION,

Au citoyen PAULIN CAPERON.

On compte en France 35,000,000 d'habitants :

14 millions de mendiants, indigents et individus très-misérables ayant en moyenne 5 sous par jour.
17 millions de prolétaires pauvres et nécessiteux ayant en moyenne un salaire de 14 sous par jour.

TOTAL... 31 millions d'infortunés sur une population de 35 millions d'hommes.

Les 4 millions restants se divisent en trois catégories d'individus, aisés, riches, opulents.

3,136,000 individus aisés.
600,000 — riches.
196,000 — opulents.

(Extrait des statistiques officielles publiées par les ministères, et les économistes Charles Dupin, de Morogues, Pierre Leroux, Raspail, Proudhon, de Rambuteau, M. de la Châtre, Eugène Buret, Guépin, Guizot, A. Blanqui aîné, Louis-Napoléon, Dutens, Lulin de Châteauvieux, etc., etc.)

TRAVAILLEURS ! NOUS SOMMES 15 CONTRE 2 AUX ÉLECTIONS !

« Le peuple a froid, le peuple a faim,
» il faut le nourrir, il faut le vêtir.
ROBERT PEEL.

Abonnement :

Pour BORDEAUX, 1 fr. par mois, payable par mois et d'avance.

Pour le DÉPARTEMENT, 1 fr. 50 c. par mois, payable par trimestre et d'avance.

Les bureaux sont ouverts tous les jours de 9 heures du matin à 9 heures du soir sans interruption, dimanche compris

Le Journal paraît le dimanche et le jeudi.

On ne reçoit que les lettres affranchies.

Frontispício da primeira edição do jornal *O Povo soberano, de 01/02/1849*

réforme (*O exército, sua organização, seus direitos e deveres*), é uma crítica à instituição militar e uma proposta de reforma, mas permanece anônimo. O segundo, *La république démocratique et sociale. Exposition des principes socialistes et de leur application immédiate en France* (*A república democrática e social, exposição dos princípios socialistas e sua aplicação imediata na França*), é constituído de uma síntese da maioria das correntes socialistas da metade do século XIX.

Em Paris, ele começa, em novembro de 1849, a publicação dos *Mystères du peuple* (*Mistérios do povo*), de Eugène Sue, o grande folhetinista, cujo *Les Mystères de Paris* (*Os mistérios de Paris*) obtivera enorme sucesso alguns anos antes e que se converteu ao socialismo. O livro será vendido pelo sistema de liberação, fórmula que Lachâtre utiliza frequentemente para poder atingir um público largo e pouco abastado, contornando ao mesmo tempo as leis que limitam a liberdade de imprensa e de publicação. A partir de julho de 1848, a Assembleia impõe aos jornais um imposto, sob a forma de selo, e uma garantia que requer a mobilização de capitais para publicações. No ano seguinte, novos delitos de imprensa são criados, enquanto o trânsito de mercadoria está sujeito à autorização.

Lachâtre nunca obterá a patente de editor, e sempre trabalhará sob a cobertura de colegas.

Um dos sucessos editoriais de Lachâtre, *Os mistérios do povo* será proibido pela justiça francesa

Ele mesmo não é diretamente pressionado, mas suas iniciativas vão ser combatidas. Em 1850, os aborrecimentos começam e suas prensas são confiscadas. Isto não o impede de conviver com as celebridades, nem de ter sucesso. No mesmo ano, Eugène Sue é escolhido como padrinho de Amelia, a primeira filha do editor, que vê sua *Histoire des papes (História dos papas)* traduzida para o italiano.

O tempo dos combates republicanos leais não dura: no dia 2 de dezembro de 1851 ocorre o golpe de Estado de Luís Napoleão Bonaparte, que se proclama príncipe-presidente. Muitos opositores são presos, exilados. Uma grande parte se recusará a voltar para a França: Eugène Sue e Victor Hugo, ambos deputados de esquerda, estão entre esses. O editor escolhe lutar dentro do país, beneficiando-se provavelmente de apoio graças às suas relações com a família Bonaparte. São desse período as primeiras cartas trocadas com Proudhon.

No ano seguinte, o príncipe-presidente faz-se coroar imperador. Doravante, Luís Napoleão Bonaparte deve ser chamado de *Napoleão III*; mas Victor Hugo o apelida de *Napoleão, o pequeno*. Em 1852, começa um império muito longo que durará até 1870.

Nesse início da década de 1850, enquanto a República agoniza, Maurice Lachâtre publica, em

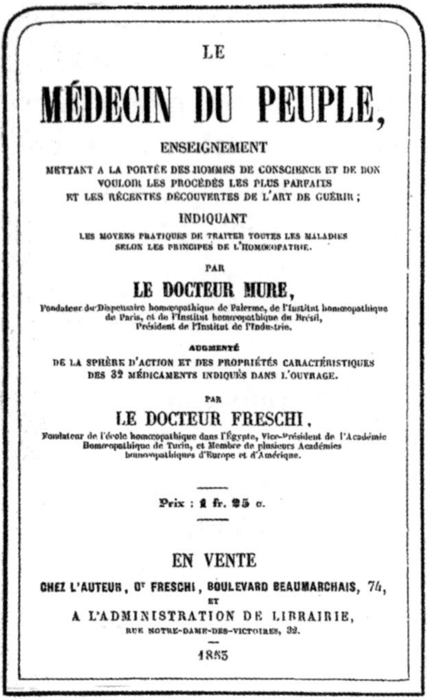

LE

MÉDECIN DU PEUPLE,

ENSEIGNEMENT

METTANT A LA PORTÉE DES HOMMES DE CONSCIENCE ET DE BON VOULOIR LES PROCÉDÉS LES PLUS PARFAITS ET LES RÉCENTES DÉCOUVERTES DE L'ART DE GUÉRIR ;

INDIQUANT

LES MOYENS PRATIQUES DE TRAITER TOUTES LES MALADIES SELON LES PRINCIPES DE L'HOMŒOPATHIE.

PAR

LE DOCTEUR MURE,

Fondateur du Dispensaire homœopathique de Palerme, de l'Institut homœopathique de Paris, et de l'Institut homœopathique du Brésil, Président de l'Institut de l'Industrie.

AUGMENTÉ

DE LA SPHÈRE D'ACTION ET DES PROPRIÉTÉS CARACTÉRISTIQUES DES 32 MÉDICAMENTS INDIQUÉS DANS L'OUVRAGE.

PAR

LE DOCTEUR FRESCHI,

Fondateur de l'école homœopathique dans l'Égypte, Vice-Président de l'Académie Homœopathique de Turin, et Membre de plusieurs Académies homœopathiques d'Europe et d'Amérique.

Prix : 1 fr. 25 c.

EN VENTE

CHEZ L'AUTEUR, Dr FRESCHI, BOULEVARD BEAUMARCHAIS, 74,

ET

A L'ADMINISTRATION DE LIBRAIRIE,

RUE NOTRE-DAME-DES-VICTOIRES, 32.

1855

Folha de rosto da obra *O médico do povo*, de Benoît Mure, principal nome da história da homeopatia no Brasil

1851, *Le médecin du peuple* (*O médico do povo*), do dr. Benoît Mure,[4] pioneiro da homeopatia. Ele começa a preparar o que ainda é chamado de *Dictionnaire du peuple* (*Dicionário do povo*) e que vai começar a ser publicado em 1852 sob o nome de *Dictionnaire universel* (*Dicionário universal*). Trata-se do seu primeiro dicionário, que será terminado em 1856. Sua finalidade é fornecer aos leitores uma obra de referência que seja também um ins-

[4] Nota da editora: Benoît Mure, ou Bento Mure, como ficou mais conhecido em nosso país, foi o introdutor da homeopatia no Brasil.

trumento de emancipação. Esta obra, vendida pelo sistema de liberação e formada por dois volumes *in-quarto*,[5] reúne as ideias de várias correntes avançadas e opostas ao Império: feminismo, fourierismo, homeopatia, mutualismo, saint-simonismo etc. É principalmente um dicionário anticlerical, socialista e republicano, e a polícia relata que circulará discretamente nos meios operários.

Nesse mesmo ano de 1852, Maurice Lachâtre decide dividir sua propriedade em Bordeaux e vender os lotes em condições acessíveis; no total, 102 pessoas os adquiriram. Nesta base, ele vai criar uma "comunidade-modelo", com duas escolas, uma clínica, um banco, um fundo de pensão etc. Mostra-se dessa maneira ser um homem de letras e um homem de ação. Sua influência é temida pela polícia. Concebe também um projeto de edifícios coletivos em Paris, mas este não será concretizado. A vida intelectual é paralisada pelo governo autoritário que combate a liberdade interna e multiplica os conflitos externos: em 1854, o exército francês luta na Criméia, no deserto do Saara e no Senegal...

---

[5] Nota da editora: *in-quarto*, livro cuja folha impressa é dobrada duas vezes (uma em cada sentido), dando quatro folhas ou oito páginas. O formato *in-quarto* pode ser maior ou menor, dependendo da extensão da folha original. Apenas para se ter uma noção, nos dias atuais, o formato *in-quarto* seria aproximado ao do A4 (210 x 297 cm).

De 1855 até 1857, Lachâtre continua sua obra de lexicógrafo, publicando um livro menor, destinado às famílias, *o Dictionnaire français illustré* (*Dicionário francês ilustrado*). Seu programa ideológico permanece o mesmo. Depois, ele publica de 1856 até 1858 um pequeno *Dictionnaire* dês écoles (*Dicionário das escolas*) em um volume.

Em 1857, os *Mystères du peuple* (*Mistérios do povo*) estão mais uma vez suspensos e há 60 mil exemplares apreendidos. Este ano, a justiça francesa ataca a literatura: ela persegue Baudelaire por causa de alguns poemas de sua obra *Fleurs du Mal* (*As flores do mal*), e Flaubert, por *Madame Bovary*. Em seguida, o mesmo promotor condena o último trabalho de Eugène Sue. O romancista exilado, enfraquecido, chocado pelo anúncio das perseguições, morre. O julgamento ocorre sem ele. Lachâtre é condenado a um ano de prisão. Todos os exemplares do livro devem ser destruídos.

No ano seguinte, no dia 14 de julho de 1858, Maurice Lachâtre é condenado como autor do *Dictionnaire universel* (*Dicionário universal*) a 6 mil francos de multa e cinco anos de prisão.[6] A pena é máxima. Mais uma vez, a obra é apreendida e destruída. Trata-se do único dicionário de língua comum que conheceu tal condenação no século 19.

---

[6] Julgamento do Tribunal correcional da Sena, 6ª câmara, cf. Monitor do dia 18 de setembro 1858.

Enquanto aguarda a prescrição de sua sentença, o autor exila-se em Barcelona de 1858 a 1864. No entanto, a justiça não o esquece e, no dia 6 de abril de 1859, condena-o ainda como autor do *Dictionnaire français illustré* (*Dicionário francês ilustrado*). Poucos dias depois, o império francês declara guerra à Áustria.

Um espírita em Barcelona (1858-1864)

Em novembro de 1858, Maurice Lachâtre refugia-se em Barcelona. Durante seis anos, ele ficará nesta cidade, onde abre uma livraria e dirige um jornal. Em seguida, ele publica uma tradução dos *Mystères du peuple* (*Mistérios do povo*). Entra rapidamente em contato com José Maria Fernández Colavida

Grande amigo de Maurice Lachâtre, Colavida (1819-1888) será cognominado o Kardec espanhol

e Ramon Lagier Pomares.[7] Com eles, começa a organizar a importação e distribuição de textos espíritas. Sabemos que ele viaja para fora da Espanha: visita exilados na Inglaterra e, em 1861, torna-se pai de sua segunda filha, Marie-Ange Garrète, que nasce em Bordeaux.

A importação clandestina de publicações espíritas estava ocorrendo, quando os importadores decidem declarar à alfândega uma entrega importante em 1861. O arcebispo de Barcelona faz apreender o lote de trezentos livros, revistas e brochuras importados da França e, na quinta-feira, no dia 9 de outubro 1861, às dez e meia da manhã, um auto de fé acontece na praça principal da capital da Catalunha. As publicações relevantes incluem: *A Revista Espírita*, diretor, Allan Kardec; *A Revista Espiritualista*, diretor, Pierard; *O livro dos Espíritos*, *O livro dos médiuns*, *O que é o Espiritismo?*, três obras de Allan Kardec; *Fragmento de sonata ditada pelo Espírito de Mozart*; *Carta de um católico sobre o Espiritismo,* pelo Dr. Grand; *A história de Joana d'Arc*, ditada por ela mesma a Ermance Dufaux; *A realidade dos Espíritos demonstrada pela escrita direta*, do barão de Güldenstubbe.

Concluída a cremação, os restos carbonizados foram conservados e enviados para Allan Kardec. Ainda estão em Paris. O auto de fé suscitará a re-

[7] Cf. Gerard Horta, http://www.avui.es/avui/diari/02/mar/28/k50428.htm ou <http://www.ducros.cat/corpus/index.php?command=show_news&news_id=1968>

Esta aquarela retratando o auto de fé foi realizada *in loco* e, posteriormente, enviada a Allan Kardec

provação dos jornais espanhóis e contribuirá para fazer de Maurice Lachâtre um herói da causa espírita. É interessante notar, com Gerard Horta, que o espiritismo catalão foi estreitamente ligado ao anarquismo,[8] do qual Lachâtre vai aproximar-se após a Comuna.

[8] *ibid*.

Retorno do exílio (1864-1870)

No final de 1864, em Paris, Maurice Lachâtre formula rapidamente uma nova versão de seu dicionário. Será o *Nouveau dictionnaire universel* (*Novo dicionário universal*), ainda publicado por

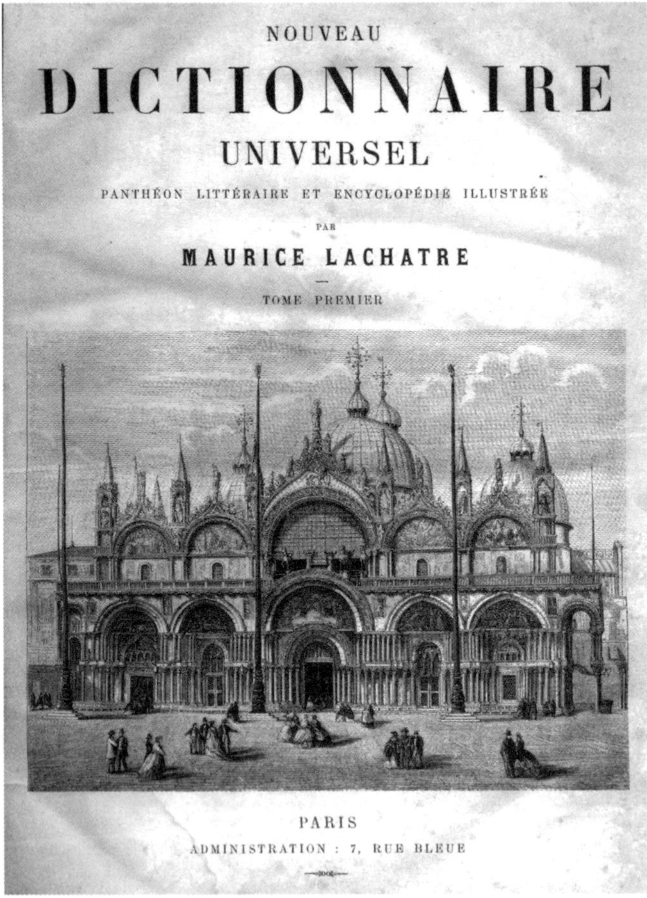

NOUVEAU

DICTIONNAIRE

UNIVERSEL

PANTHÉON LITTÉRAIRE ET ENCYCLOPÉDIE ILLUSTRÉE

PAR

MAURICE LACHATRE

TOME PREMIER

PARIS

ADMINISTRATION : 7, RUE BLEUE

Novo Dicionário Universal, obra-prima de Maurice Lachâtre

liberação, de 1865 a 1870, pela *Docks de la Librairie*, sua nova empresa. Nessa época, ele encontra-se frequentemente com os membros da Primeira Internacional. Em 1867, ele lança uma revista, *Le Monde invisible* (*O Mundo Invisível*), dedicada ao espiritismo. Ele já havia reservado um espaço a essa corrente de pensamento no seu dicionário e contava com Allan Kardec, um dos seus redatores. No mesmo ano, ele se torna pai de uma terceira filha, Marie-Victoire.

Ele cessa a publicação da revista e anuncia uma "nova obra espírita", intitulada *Encyclopédie nationale* (*Enciclopédia nacional*). Ele explica aos seus associados que este projeto foi concebido porque ele entendeu que "para fazer novos convertidos à doutrina espírita, às vezes é necessário o uso de cautela em suas exposições, como também proceder com uma extrema reserva na exposição das manifestações mediúnicas".[9]

Em 1870 é publicada a *Nouvelle encyclopédie nationale* (*Nova enciclopédia nacional*), com uma estrutura bastante diversificada, onde foram encontrados dois artigos curtos: "O espírita livre-pensador" e "O espiritismo", nos quais ele afirma o caráter social da doutrina. Mas a guerra contra a Prússia é declarada em pleno curso da publicação. Por recordar-se de que foi soldado, o editor resolve participar da defesa de Paris

[9] *A revista espírita*, n°12. Carta aos subscritores.

Escombros na cidade de Paris, após o bombardeio das tropas prussianas (Fotografia tirada por Auguste Bruno Braquehais, 1823–1875)

sitiada. O império de Napoleão III desmorona em Sedan. O regime do velho imperador doente parece cair sozinho, e a República é proclamada. É a terceira no nome. Com seu velho amigo Felix Pyat, Lachâtre vai dirigir dois jornais, *Le Combat* (*O Combate*), e *Le Vengeur* (*O Vingador*). Ele participa da redação e escreve uma meia dúzia de artigos clamorosos.

Grupo de *communards* próximos à rua Castiglione, em Paris (Fotografia tirada por Auguste Bruno Braquehais, 1823–1875)

A Comuna, *O Capital* e o exílio (1870-1879)

Mas Paris recusa a derrota, enfrenta os prussianos e proclama a Comuna de Paris. O patriotismo se mistura às lembranças de 1789. A defesa da pátria combina com a defesa da Comuna. O conservador Adolphe Thiers, que dirige a França, exceto Paris, provoca uma guerra civil. O massacre, decidido no final de maio de 1871, é pavoroso para os parisienses: vinte mil *communards*[10] são mortos e

---

[10] Denominação dos membros e apoiadores da Comuna de Paris, em 1871.

trinta e seis mil são aprisionados. Essa lembrança vai assombrar gerações.

Maurice Lachâtre escapa por pouco dos soldados que o procuram. Seu operador de caixa é executado no seu lugar. Por mais de oitenta dias, Lachâtre fica escondido. Em seguida, foge para a Espanha e se instala em San Sebastián. Lá, conhece Paul Lafargue e, no outono, concorda em publicar uma tradução francesa do livro *O capital*, de Karl Marx, ainda desconhecido.

Esta publicação é dificultada pelas circunstâncias: Lachâtre está na Espanha, depois na Bélgica; Marx está em Londres; o tradutor vive em Bordeaux e a empresa de Lachâtre ainda está em

Barricada *communard* na rua Castiglione,
(Fotografia tirada por Auguste Bruno Braquehais, 1823–1875)

Paris, onde o governo tem de republicano apenas o nome. Esse empreendimento vai durar quase quatro anos. Obrigado a refugiar-se em Bruxelas, Maurice Lachâtre abre uma livraria e, durante algumas semanas, assume a responsabilidade por um jornal: *La rénovation religieuse* (*A renovação religiosa*), publicada por padres franceses dissidentes e espíritas: o cônego Mouls e o padre Junqua. Por isso, depois de alguns meses, ele é ameaçado de expulsão. Ele obtém um prazo e publica *O manual dos confessores*, antiga obra anticlerical e erótica que lhe vale novas perseguições.

Finalmente, ele foge para a Suíça em 1875, onde termina a edição de *O capital*, antes de ser

Barricada *communard* na rua de la Paix,
(Fotografia tirada por Auguste Bruno Braquehais, 1823–1875)

condenado na Bélgica, por causa do *Manual dos confessores*, a um ano de prisão e 500 francos de multa. Como sua saúde deixa a desejar, ele termina seu exílio na Itália, em San Remo. A anistia dos *communards* é decidida em 1879, ano de seu retorno a Paris.

Anarquista por fim (1879-1900)

Ele retoma suas atividades e, em 1880, funda o jornal *La Commune* (*A Comuna*), com Felix Pyat, e publica sua *Histoire de l'Inquisition* (*História da Inquisição*). A veia anticlerical não se esgota e inspira também a publicação de romances como *Le péché de sœur Cunégonde* (*O pecado de irmã Cunégonde*), de Hector France, ou *L'abbé Delacollonge* (*O padre Delacollonge*), de Francis Enne, em 1881 e 1883. Depois, ele confia durante algum tempo sua livraria a seu genro, Henry Oriol, mas reassume a direção para evitar a falência. Empreende, em 1887, uma nova edição dos *Mystères du peuple* (*Mistérios do povo*), de Eugène Sue, à memória do qual permanece fiel. Em 1888, um primeiro reconhecimento finalmente vem da cidade de Le Muy, que o acolheu em sua juventude: o nome de Maurice Lachâtre figura entre outros republicanos famosos que recebem um nome de rua.

Na década de 1890, o lexicógrafo começa a publicação de um *Dicionário-jornal*, destinado a completar e atualizar seu *Nouveau Dictionnaire*

Folha de rosto da edição francesa de *O capital*, mais importante obra de Karl Marx.

universel (*Novo dicionário universal*). Entre os itens listados na folha de rosto, figuram: "Maravilhas da natureza – Mistérios do mundo invisível – Magnetismo – Hipnotismo – Telefonia". Mas o conteúdo da obra faz pouca menção ao espiritismo.

Nessa época, ele se aproxima bastante do movimento anarquista e contrata André Girard. Este último, que trabalha para o jornal *Les Temps nouveaux* (*Os Tempos novos*), de Jean Grave, será o secretário de redação do *Dicionário La Châtre*, uma nova versão aumentada do seu *Novo dicionário universal*, que ele começa a publicar, sempre por liberação, em 1898. Mas Lachâtre está com oitenta e quatro anos de idade! Não poderá ver o fim deste trabalho. A publicação do quarto volume só ocorrerá em 1907, graças aos cuidados de sua filha, Marie-Ange, e de jovens jornalistas libertários: André Girard, Henri Fabre e Victor Meric.

Ele morre no dia 9 de março 1900, uma sexta-feira, e seu corpo é cremado, conforme seus desejos. De acordo com a nota que lhe é consagrada no seu último dicionário, ele só abandonou sua crença no espiritismo no final de sua vida. Em todo caso, em 1898, ele realiza um projeto que Eugène Sue não pôde completar, *Les Mystères du Monde, suite et fin des Mystères du Peuple* (*Os Mistérios do mundo, sequência e fim dos Mistérios do povo*), cuja redação é confiada a Hector France. Em uma carta dirigida a este e contida no prefácio, Lachâtre diz que Eugène Sue "tinha lançado as bases do trabalho que tinha começado a empreender quando a morte chamou-o de volta ao mundo dos Espíritos". Isto sugere que ele permaneceu, pelo menos, espiritualista, até muito tarde na sua vida.

Poucas semanas depois de sua morte, Issoudun, sua cidade natal, dedicou-lhe uma rua.

A memória (1900-2003)

Em 1914, um folheto é publicado para homenagear seu centenário na Bélgica: *Dieu. Âme. Catholicisme. Protestantisme* (*Deus. Alma. Catoli-*

cismo. Protestantismo), retomam quatro artigos do *Dicionário La Châtre* que acompanham uma breve biografia e alguns comentários.

Em 1942, sob o regime de Vichy, que colabora com os alemães, Issoudun rebatiza sua rua. Até hoje, apesar de vários pedidos, a cidade sempre se recusou a reparar essa afronta. Mesmo assim, a imprensa local e alguns eruditos intervêm, na década de 1990, para recordar a memória de Maurice Lachâtre a sua região natal.

Em outubro de 1961, a revista *Constancia*, editada em Buenos Aires, publica um *Numero especial dedicado al centenario del auto-de-fe de Barcelona*.

Em 1993, seu nome serve de inspiração a uma editora espírita brasileira: Publicações Lachâtre.

Em 2003, um simpósio intitulado "*Le monde perdu de Maurice Lachâtre*" (O mundo perdido de Maurice Lachâtre) acontece na França. Ele tem por objetivo tirar da sombra a memória desse personagem singular, e as edições Lachâtre, do Brasil, decidem publicar um texto desconhecido de sua autoria consagrado ao espiritismo.

Janeiro de 2004

Lachâtre, Kardec e a Reencarnação

Jean Prieur
(*Allan Kardec et son époque*)

Amigo de Allan Kardec, o livreiro-editor Maurice Lachâtre veio lhe falar da palingenesia: era o nome dado então à reencarnação.

– A palingenesia – disse ele – explica o ser humano, sem apelar para o pecado original e a revelação. Ela faz do progresso uma lei necessária, e da sociedade um ser vivo, animado por um tipo de personalidade que se renova em seus membros, sem deixar de existir. A fábula da Fênix renascendo das cinzas parece ser uma figura alegórica da palingenesia.

– Para mim – respondeu Rivail – é mais uma figura da ressurreição da carne.

– É quase a mesma coisa!

– Sua palingenesia nega a criação, pois, como os gregos, ela considera a matéria eterna.

– Eram os gregos que tinham razão, como os hindus, os budistas e os gauleses.

– Druidas agora! Os druidas, esses bárbaros! Caro Maurice, você me assusta!

Dez anos mais tarde, Maurice Lachâtre converter-se-ia ao espiritismo e iria pôr ao serviço de Allan Kardec seus talentos de livreiro e de distribuidor.

Por enquanto, o novo Diderot, trabalhava no seu dicionário universal, verdadeiro monumento dedicado à literatura e às artes, um instrumento poderoso de propaganda democrática e filosófica: "arsenal inesgotável em que a geração atual encontrará as armas necessárias para combater o fanatismo religioso, o despotismo político, as más paixões, o egoísmo, o orgulho, o amor pelas riquezas, a ociosidade, a exploração da classe trabalhadora e das mulheres, os abusos e os privilégios da casta aristocrática". Reencontraremos Maurice Lachâtre, em outubro de 1861, em Barcelona, durante o auto de fé das obras de Kardec.

Em relação às vidas sucessivas, Lachâtre compartilhava das ideias do filósofo Jean Reynaud, que era de Lyon como Kardec. Em 1835, Reynaud fundou com Pierre Leroux, ex-são-simoniano e grande amigo de George Sand, a Nova Enciclopédia. Este monumento devia ser também o equivalente da Enciclopédia do século XVIII, mas com um espírito totalmente diferente. Os títulos dos principais artigos escritos por Reynaud falam por si: "Druidismo", "Orígenes", "Palingenesia", "Vida futura"...

Portanto, Maurice Lachâtre falava com entusiasmo de Jean Reynaud e tentava convencer o prof. Rivail, que resistia com todo seu cartesianismo, reforçado pela sua educação suíça-protestante. Mas por pouco tempo.

Apresentação

François Gaudin
CNRS e Université de Rouen (França)

O texto *O espiritismo – uma nova filosofia*, aqui oferecido ao leitor, foi escrito por volta de 1880. Ele aparece em uma versão posterior dos *Mystères du confessionnal* (*Mistérios do confessionário*), uma obra heterogênea que passou por várias edições mais ou menos clandestinas. O espiritismo figura nela, como é dito em conclusão, "apenas a título acessório", pois a missão principal do livro era revelar ao público um livreto escrito em latim e destinado apenas aos eclesiásticos: *Le livre secret des prêtres* (*O livro secreto dos sacerdotes*).

O livro secreto dos sacerdotes é constituído em primeiro lugar pelo *Le manuel des confesseurs* (*Manual dos confessores*), do bispo Bouvier, bispo da cidade do Mans, que Maurice Lachâtre foi encarregado de publicar durante a Comuna. Em seguida, vem *La clé d'or ou Série d'exhortations destinées à ouvrir le cœur fermé des pauvres pécheurs* (*A chave de ouro ou Série de exortações destinadas a abrir o coração fechado dos pobres pecadores*), oferecida aos novos confessores pelo excelente e ilustre senhor dom Antônio Maria Claret, arcebispo de Cuba, que será beatificado. Lachâtre realiza a tradução desses textos durante o exílio com a ajuda de Paulin Franques, e redige os comentários que os acompanham. Em seguida, ele acrescenta o *Traité de chasteté* (*Tratado de castidade*), do reverendo René Louvel, vigário-geral da diocese de Evreux. Na edição de 1880, esses tratados são acompanhados por textos curtos e evocativos: *Le polichinel du Vatican* (*O polichinelo do Vaticano*), *La foire aux reliques* (*A feira das relíquias*), *Le pèlerinage de Rome* (*A peregrinação de Roma*). Entre estes apêndices, encontra-se *Philosophie nouvelle – le spiritisme* (*O espiritismo – uma nova filosofia)*, texto que não parece ter sido objeto de nenhuma edição autônoma.

Logo depois vêm a *Histoire de l'inquisition* (*História da inquisição*), *Les couvents* (Os conventos), *Les jésuites* (Os jesuítas), que formam um conjunto independente publicado em um volume único de tamanho pequeno, em 1880. O volume termina com dois textos de Felix Pyat: *Encyclique du peuple* (*Encíclica do povo*) e *Les prêtres* (Os sacerdotes).

Felix Pyat e Maurice Lachâtre se desentendem no outono de 1880, portanto podemos considerar que esse conjunto editorial data do verão de 1880 e que os textos redigidos foram progressivamente acrescentados à versão inicial do *Manual dos confessores*. Esta obra, concluída em 1875, foi condenada pelo papa Pio IX no dia 22 de dezembro de 1876.

Pode-se notar, na leitura desse texto, que o sincretismo que caracterizou o pensamento e a ação de Maurice Lachâtre ainda está na obra quando ele a escreve e que, para ele, o espiritismo, a anarquia e o federalismo formam um todo. São, afinal, as diversas facetas que podemos perceber hoje desse incansável combatente, cujas convicções deviam ser baseadas em uma formidável esperança no homem. Nós não vivemos no mundo que esses homens sonharam. Será que o nosso é melhor?

Janeiro 2004

Prefácio à edição brasileira

Alexandre Rocha

Tenho a imensa satisfação de apresentar ao público espírita brasileiro a obra *O espiritismo, uma nova filosofia*, de autoria de Maurice Lachâtre, primeiro, por óbvias razões de ordem pessoal, já que minha admiração e identidade com o seu trabalho me levaram a batizar com o seu nome a casa editorial a que sou vinculado desde 1993, escolha, por sinal, nada original, já que ele havia feito o mesmo na Editeurs Maurice Lachâtre e Cie.

Comemora-se, neste ano de 2014, importante efeméride: 200 anos do nascimento de Claude, Maurice de la Chastre, motivo mais do que justo para trazer ao público espírita contemporâneo algumas de suas obras mais significativas.

O Instituto Lachâtre participa desta comemoração, não apenas com a presente edição. A esta obra, seguirá a publicação integral da *História dos papas*, que no Brasil teve publicado apenas pequeno excerto, e *Maurice Lachâtre, uma biografia*, escrita por François Gaudin, professor da Universidade de Rouen que teve seu interesse em Lachâtre despertado por suas pesquisas na área da lexicologia, mas que não resistiu à multifacetada figura desse homem que foi, ao mesmo tempo, escritor, editor, jornalista, livreiro, espírita, socialista e anarquista, profundamente anticlerical e antimonarquista, dotado de força interior que o impelia sempre a tentar realizar tudo aquilo em que ele acreditava, fosse transformando sua propriedade em Bordeaux num falanstério de inspiração fourierista, fosse lutando na resistência pela Comuna, em Paris, ou participando de alguma reunião espírita, em qualquer lugar.

Graças à minuciosa pesquisa do professor Gaudin, temos acesso a uma imensidade de dados sobre essa figura de escol, que pode ser tida por perfeita representação do século 19.

Para nós, espíritas, a pesquisa do professor Gaudin se destaca quando nos revela a amizade que uniu por largos anos Allan Kardec a Maurice Lachâtre, seja na sociedade que firmaram de 1840 a 1843; seja nos eventos que culminaram com o auto de fé de Barcelona, em 1861; ou nos textos sobre espiritismo que Kardec escreveu para o *Novo dicionário universal*, publicado em 1865 (do qual possuo um raríssimo exemplar); seja no belo texto biográfico sobre Allan Kardec que Lachâtre acrescentou ao mesmo *Dicionário*, e que fizemos questão de incluir ao final deste volume, onde ele conclui: "tudo faz prever que, em um futuro talvez próximo, Kardec será citado como um dos reformadores do século 19".

Esta obra, *O espiritismo, uma nova filosofia*, é uma excelente prova desse estreito relacionamento entre o iniciador do espiritismo e seu discípulo. A partir de textos de Allan Kardec, principalmente retirados de *O livro dos espíritos*, mas também de *O que é o espiritismo* e de *O livro dos médiuns*, Lachâtre assume seu papel de divulgador da doutrina espírita; recorta textos e os reorganiza, de maneira sintética, mas lógica, dando seu colorido num e noutro aspecto, mas a forma é sempre muito próxima à de Allan Kardec, o que nos deixa com a impressão de que estamos lendo o próprio Codificador.

Para alguns isto pode soar estranho, algo como uma apropriação indébita de textos. Para eles, não. Ambos já haviam exercitado isso no *Dicionário universal*. O próprio Kardec faz o mesmo ao narrar o episódio do auto de fé, e só agora, com esta obra, temos a informação de que a narrativa que Kardec faz desse evento foi feita a partir da correspondência que lhe foi enviada por Lachâtre.

Essas questões relacionadas aos direitos autorais, que se firmaram em nossa sociedade contemporânea com o aprofundamento do capitalismo, ainda podiam ser percebidas de forma diferente no século 19. Aliás, hoje, com o advento da *internet*, fica mais fácil se entenderem as razões que levam alguém a compartilhar textos de terceiro, sem que por isso seja obrigatoriamente acusado de plágio.

Por fim, fui questionado diversas vezes sobre as razões que me levaram a decidir pela grafia de seu nome, Lachâtre, como título da editora. Como isso também fala dos seus valores, acho pertinente defendê-la neste espaço. Lachâtre sempre buscou ser coerente com seus princípios e nada mais contraditório para ele do que a sua posição de nobreza.

Filho de um barão do império, Maurice trazia no sobrenome, como normalmente se fazia à época, a descrição de sua situação social: Claude, Maurice de la Chastre. A preposição 'de' é o primeiro indicativo de nobreza. Para esconder a origem plebeia, o genial Honoré Balssa passou a escrever 'de' Balzac. Lachâtre fez caminho contrário: se todos os homens (e mulheres também) são iguais, é preciso que esse 'de' seja definitivamente eliminado de nossa sociedade.

O restante do sobrenome o denuncia com ainda maior vigor. 'de la Chastre' pode ser traduzido como 'do Castelo'. Nada carrega maior conotação de nobreza do que a imagem de um castelo. A língua portuguesa também possui esse sobrenome: 'de Castro'. É preciso descaracterizar essa imagem. 'la Chastre' se transforma então em 'Lachâtre', palavra sem qualquer significado (a língua francesa consigna, com o acento circunflexo, a queda do 's' que antecede a consoante). Dessa maneira, fica perfeitamente explicada a grafia do nome de nosso patrono.

Desconheço os motivos do abandono do prenome Claude, embora não possa esquecer que se trata do nome de conhecido imperador romano. Seria razão suficiente?

O Espiritismo
uma nova filosofia

Maurice Lachâtre

Preâmbulo

O estudo das obras escritas pelos casuístas sobre os temas religiosos, a crítica das doutrinas católicas, o exame da Bíblia e dos santos Evangelhos, enfim, a leitura dos livros sagrados das diferentes religiões que existem no mundo têm muitas vezes por consequência, em relação àqueles que lidam com questões metafísicas, a negação de Deus e da alma. Como discernir, com efeito, dentre os milhares de divindades que figuram nas teogonias do povo, os verdadeiros deuses? Será que há um único Deus? Será que existem vários? Quantos? No meio das controvérsias dos doutores de todas as religiões sobre a natureza do homem, sobre seu destino, como discernir a verdade antropológica? Quais são os elementos que compõem o homem? Será que há nele espírito e matéria? Se há um elemento espiritual no homem, qual é sua essência? Se o espírito existe, será que sua criação é anterior à formação do corpo que o anima? E que será dele após a vida do corpo?

Todas essas questões a respeito de Deus e do homem são problemas insolúveis para o pensador, que rejeita as respostas fornecidas pelas teogonias por serem insuficientes ou absurdas. O pensador torna-se ateu e materialista.

Mas negação não é demonstração. Se os doutores em teologia não fornecem provas suficientes da existência de Deus e da natureza do homem, não se deve concluir praticamente que a divindade não existe e que o homem é uma manifestação da matéria orgânica, sem elemento imaterial. Parece-nos mais racional admitir que a imperfeição de nossos órgãos e a falta de instrumentos especiais sejam os obstáculos para a demonstração de fenômenos de uma ordem transcendental. Novas descobertas científicas poderão fornecer-nos, num futuro mais ou menos próximo, meios de investigação no domínio do mundo invisível. O microscópio solar e a fotografia proporcionaram um grande passo para a ciência examinar o mundo do infinitamente pequeno. Novos avanços em equipamentos, a aplicação da eletricidade e de agentes químicos poderão rasgar o véu que esconde o mundo espiritual dos nossos olhos. Novas revelações para o homem! Mas, até que essa nova conquista do desconhecido seja realizada, devemos ter o cuidado de não rejeitar certas propostas pelo simples fato de que "a demonstração científica não pode ser fornecida". Nenhuma das religiões antigas ou modernas pôde dar provas seguras, irrefutáveis, matemáticas da existência das divindades que adoram, no entanto, todas tiveram os seus sábios, seus profetas, seus adivinhos, seus feiticeiros, seus milagres, seus embustes, seus enganadores ou fanáticos.

As escolas filosóficas do Egito, da Grécia e de Roma não foram mais bem sucedidas em suas concepções metafísicas sobre Deus e o homem.

Onde estão atualmente os deuses gerados pelas teogonias? O que aconteceu com as antigas religiões? A religião dos egípcios e seus deuses – Ísis e Osíris – desaparecidos. A religião dos medos e dos persas e seus deuses – Ormuzd e Ahriman – desaparecidos. A religião dos sírios e fenícios e seus deuses – Baal e Moloch – desaparecidos. A religião dos druidas e seus deuses – Hesus e Teuthates – desaparecidos. A religião dos escandinavos com seus deuses selvagens – Odin e Thor – desaparecidos. O paganismo com Júpiter e os deuses do Olimpo – desaparecidos. A religião dos incas, no México, com seus deuses – desaparecidos, exceto o principal Deus, o Sol, que sobreviveu ao desastre comum, felizmente para os seres humanos. As religiões da Índia desaparecidas igualmente com seus milhares de deuses que elas haviam criado.

As escolas filosóficas da Antiguidade, da Idade Média e de todos os séculos, incluindo este de agora, tiveram o mesmo destino. Todas foram ofuscadas ou estão destinadas a desaparecer.

O catolicismo, apesar de sua poderosa organização, também está à beira de um cataclismo que levará consigo a Trindade, a corte celeste, o paraíso, todo fanatismo religioso, o purgatório e o inferno. A religião católica está em plena decadência. O Pai eterno, Jesus Cristo, o Espírito Santo e a Virgem Maria irão juntar-se a Saturno, Júpiter, Juno, Vênus e outras divindades pagãs em derrota.

Os deuses estão indo. O homem, à medida que desenvolve a sua inteligência, abandona as fábulas, renuncia aos sonhos e se refugia na ciência.

Todas as religiões, sem exceção, devem abrir espaço à razão. Eis a lei inelutável do progresso.

Mas a questão de Deus e da alma continua sem solução fora das concepções metafísicas. Se os doutores das religiões não puderam demonstrar a existência da divindade, nem da alma no homem, em contrapartida, os ateus e os materialistas não puderam fornecer provas para apoiar suas propostas: a não existência de Deus e o homem como um ser material, uma espécie de intestino perfurado em ambas as extremidades, equipado com órgãos sofisticados que o distinguem dos animais. Na situação atual, a posição mais sábia para os livres pensadores sobre essas duas questões é – em nossa opinião – a da abstenção: não se pronunciar nem num sentido nem no outro, pelo menos até que tenhamos estudado cuidadosamente as duas questões, com o apoio, na busca da verdade, dos meios de investigação que traz a ciência.

Somos, então, naturalmente levados a examinar uma nova filosofia, o espiritismo, que parece ter dado soluções conclusivas sobre o mundo invisível do qual estamos tratando.

Esta doutrina científica posiciona-se completamente fora das seitas e religiões, abraça o passado, o presente e o futuro, aborda a pluralidade dos mundos e das existências, de Deus, do homem, da alma, da criação da Terra, dos planetas, dos astros, dos espíritos bons e maus, das recompensas e punições além da sepultura, dos médiuns escritores, auditivos, videntes, das comunicações entre os vivos e os mortos, das reencarnações na Terra ou em outros planetas do nosso universo.

Milhões de pessoas já se tornaram adeptos dessa doutrina nos Estados Unidos, Inglaterra, França, Espanha, Itália, nas cinco partes do mundo. Esperamos que os leitores se juntem a nosso estudo dessa nova filosofia; talvez encontrem os elementos de uma convicção que não acharam na religião, nem nos sistemas metafísicos, nem no ateísmo e no materialismo.

A breve exposição do espiritismo contida em poucas páginas só pode ser uma introdução à doutrina; os leitores que desejem aprofundar as graves questões abordadas nele deverão recorrer às obras escritas por Allan Kardec, por Flammarion, o erudito astrônomo, e alguns outros filósofos espíritas.

O espiritismo é uma ciência que trata da natureza, da origem e do destino dos espíritos, e de suas relações com o mundo material. É, ao mesmo tempo, uma ciência de observação e uma doutrina filosófica.

O espiritismo baseia-se na existência de um mundo invisível, composto por seres incorpóreos que povoam o espaço, que são as almas daqueles que viveram sobre a Terra ou em outras esferas onde deixaram seu envoltório material. Estes são os seres aos quais é consentido dar o nome de espíritos. Estes seres que nos rodeiam exercem sobre os homens, sem o conhecimento destes, uma grande influência; desempenham um papel bastante ativo no mundo moral e, até certo ponto, no mundo físico. O caráter do espiritismo é de uma ciência e não de uma religião; é baseado em princípios independentes de qualquer questão dogmática; não admite nem culto nem ministros; abre um novo campo às observações dos sábios e traz a luz sobre uma série de fenômenos inexplicáveis até então.

Deus

A definição fornecida sobre a divindade pelos espíritos é a seguinte: "Deus é a inteligência suprema, causa primária de todas as coisas. Ele é eterno, infinito, imutável, imaterial, único, onipotente, soberanamente justo e bom."

Matéria e espírito

Define-se geralmente a matéria assim: "O que tem extensão; o que pode causar uma impressão em nossos sentidos; o que é impenetrável." Mas a definição é problemática, pois a matéria existe em estados de sutileza – gases e fluidos –, sob cujas formas ela se torna penetrável e não impressiona nossos sentidos. É justo dizer que "a matéria é o elo que liga o espírito", pelo menos no que diz respeito à humanidade; é o instrumento através do qual o espírito exerce sua ação.

O espírito é o princípio inteligente do universo. A inteligência é um atributo essencial do espírito.

Usamos neste artigo a palavra 'espírito' para designar o princípio da inteligência. A mesma palavra já foi utilizada e servirá para designar as individualidades do mundo invisível.[11]

---

[11] Nota da editora: Da mesma maneira que Allan Kardec, Lachâtre, nesta obra, irá diferençar os dois sentidos da mesma palavra, grafando o princípio da inteligência como 'espírito' e a individualidade ou os seres inteligentes da criação como 'Espírito'.

A matéria e o espírito são os dois elementos gerais do universo; acima está Deus, o criador de todas as coisas. Ao elemento material se junta o fluido universal, que atua como intermediário entre o espírito e a matéria. Esse fluido universal, ou primitivo, ou elementar é o agente usado pelo espírito para produzir as inúmeras combinações e a infinita variedade de coisas, das quais conhecemos apenas uma pequena parte.

O fluido elétrico e o fluido magnético são modificações do fluido universal, que é apenas uma matéria mais perfeita, mais sutil e que podemos considerar como independente.

Um fato evidente domina todas as hipóteses: vemos a matéria, que não é inteligente; vemos um princípio inteligente independente da matéria. A origem e a conexão dessas duas coisas são desconhecidas. Como parecem distintas, admitimo-las como dois princípios constituintes do universo. Vemos que acima de tudo existe uma inteligência que domina todas as outras, que rege tudo, distinguindo-se por atributos essenciais: é a inteligência suprema que chamamos de Deus.

Espaço universal

O espaço universal é infinito: nenhum ponto permanece desocupado. Os intervalos imensos que existem entre os planetas são preenchidos por uma matéria sutil e etérea – o fluido universal –, que escapa aos nossos sentidos e instrumentos.

O vácuo absoluto não existe, em nenhuma parte do espaço.

1. A Criação

Formação dos mundos

O universo é constituído pela infinidade de mundos que vemos e pelos que não vemos, por todos os seres animados e inanimados, todos os astros que se movem no espaço, bem como os fluidos que o preenchem. Os mundos são formados pela condensação da matéria disseminada no espaço. Um mundo completamente formado pode desaparecer, e sua matéria, espalhada de volta no espaço, servirá à formação de outros mundos. Deus renova os mundos como renova os seres vivos.

Formação dos seres vivos

Os elementos orgânicos dos seres vivos estavam em estado líquido, no espaço, em meio aos espíritos, ou em outros planetas, esperando a criação da Terra para começar uma nova existência sobre o globo. Esses elementos formaram os germes, que permaneceram no estado inerte e latente até o momento propício da eclosão.

Essa teoria não resolve a questão da origem dos elementos vitais, mas a natureza tem mistérios que escapam às nossas investigações.

O homem apareceu quando a Terra estava passando por certas condições de temperatura e por um ambiente propício ao seu desenvolvimento; a espécie humana apareceu em diferentes partes do globo e em diversas épocas. Em seguida, os homens formaram novos tipos, espalhando-se sob todos os climas e combinando-se com outras raças.

Pluralidade dos mundos

Não existe motivo razoável para fazer supor que somente a Terra tenha o privilégio de ser habitada, com exclusão de tantos milhões de mundos semelhantes. Porém, como a constituição física dos mundos não é a mesma para todos, é lógico que os seres que os habitam têm uma organização diferente da nossa. Como os peixes são organizados, em nosso mundo, para viver na água e os pássaros, no ar, as condições de existência dos seres que habitam os diferentes mundos devem ser apropriadas ao meio no qual são chamados a viver. Os globos mais afastados do Sol, em nosso sistema planetário, não são privados de luz e calor por essa razão, pois, além do Sol, existem outras fontes desses dois fenômenos: a energia elétrica, por exem-

plo. O órgão visual dos habitantes desses planetas pode ser formado de maneira diferente do nosso. A Terra não é, portanto, o único mundo preparado para receber uma humanidade; mesmo em nosso universo, ela não é o menor nem o maior dos planetas, nem o mais próximo nem o mais distante do Sol. Nada justificaria este privilégio para nosso globo, nem a sua posição nem o seu volume, tampouco a sua constituição física. A pluralidade dos mundos é uma verdade constatada pela ciência, e a existência de seus habitantes pode ser considerada como demonstrada pelo raciocínio.

A vida e a morte

Os seres orgânicos têm em si uma fonte de atividade íntima que lhes dá vida; eles nascem, crescem, reproduzem-se e morrem. Abrangem as plantas, os animais e os seres humanos. A morte nos seres orgânicos é causada pelo esgotamento dos órgãos. Após a morte, o material inerte se decompõe para constituir novos seres; o princípio vital retorna à massa fluídica, para dar origem a novas formações que o absorverão e o assimilarão, para novamente ser restituído a essa fonte, quando deixarem de existir.

Inteligência e instinto

A inteligência é uma faculdade específica de cada ser e constitui a sua individualidade moral. Existem coisas que ainda não são dadas ao homem entender, e esta pertence às questões não resolvidas. O instinto é uma inteligência não raciocinada; é por ele que todos os seres atendem às suas necessidades. Inteligência e instinto se confundem às vezes em suas manifestações.

As manifestações da inteligência são o resultado de uma combinação e de um ato deliberado; as do instinto são quase sempre espontâneas.

O instinto é uma inteligência rudimentar.

2. Sobre os Espíritos

Origem e natureza dos Espíritos

Os Espíritos são os seres inteligentes da criação. Povoam o universo fora do mundo material.

A palavra 'Espírito' é utilizada aqui para designar as individualidades dos seres extracorpóreos, e não mais o elemento inteligente universal.

Os Espíritos são a individualização do princípio inteligente, como os corpos são a individualização do princípio material. A época e o modo dessa formação são desconhecidos. Trata-se ainda de um dos mistérios da natureza. A criação dos Espíritos é incessante. Os Espíritos não são imateriais, no sentido absoluto da palavra, mas a matéria que os compõe é quintessenciada e não pode ser percebida por nossos sentidos; seria mais exato dizer que eles são intangíveis. O elemento do qual são formados não se dissemina e não volta à massa como ocorre com os corpos materiais. A existência dos Espíritos não termina. Os Espíritos são uma das potências da natureza, mas preenchem uma missão específica nas regiões que lhes são atribuídas. Sua forma não pode ser descrita, pois varia para os olhos humanos; eles aparecem como uma chama, um clarão, uma faísca, ou se apresentam sob uma forma humana diáfana. Cruzam distâncias incomensuráveis com a rapidez do pensamento. Penetram tudo. O ar, a terra, as águas, o fogo até, são acessíveis para eles.

Perispírito

O Espírito é envolvido por uma substância vaporosa semi-material, mas bastante vaporosa para não ser um obstáculo à sua locomoção no espaço. É com a ajuda desse envoltório que os Espíritos podem às vezes aparecer para nós, quer nos nossos sonhos, quer no estado de vigília, e podem até mesmo tomar uma forma visível e palpável.

Diferentes ordens de Espíritos

Os Espíritos podem ser classificados em diversas ordens de acordo com o grau de perfeição que tenham alcançado. O número de ordens ou graus de perfeição entre os Espíritos é indeterminado. No entanto, podemos estabelecer três ordens principais: a primeira ordem para aqueles que chegaram à perfeição, os Espíritos puros; a segunda ordem para aqueles que atingiram certo grau de perfeição: aqueles que têm o bem como objetivo de suas preocupações; a terceira para aqueles que ainda não entraram no bom caminho: os Espíritos imperfeitos, ignorantes ou maus. A classificação dos Espíritos é baseada no seu grau de adiantamento, as qualidades que adquiriram e as imperfeições que ainda têm a vencer. Cada categoria tem um caráter bem distinto em relação ao conjunto, mas de um grau ao outro a transição é insensível, e nos limites a nuança desaparece, como nas cores do arco-íris.

Terceira Ordem. *Espíritos imperfeitos*. Características gerais: predominância da matéria sobre o espírito. Propensão para o mal. Ignorância, orgulho, egoísmo e más paixões consequentes.

Segunda Ordem. *Bons Espíritos*. Características gerais: predominância do espírito sobre a matéria, desejo do bem. Suas qualidades e seu poder para fazer o bem procedem do grau ao qual chegaram: alguns têm a ciência, outros a sabedoria e a bondade, os mais avançados reúnem o conhecimento e as qualidades morais.

Primeira Ordem. *Puros Espíritos*.[12] Características gerais: superioridade intelectual e moral absoluta em relação aos Espíritos de outras ordens. Percorreram todos os degraus da escada da perfeição e se despojaram das impurezas da matéria.

---

[12] Nota da editora: Neste ponto, no original, há um erro tipográfico, uma vez que se repete a expressão "bons espíritos" do ítem anterior. Como este texto se baseia fielmente em *O livro dos espíritos*, de Allan Kardec (questão 112 e 113), não temos dificuldade alguma em realizar a correção, retornando à palavra exata que deveria ter sido grafada: "puros Espíritos", consignando, porém, a correção realizada.

Não são mais sujeitos à reencarnação em corpo perecível e gozam de uma felicidade inalterável. Eles comandam os Espíritos que lhes são inferiores, ajudam-nos a aperfeiçoar-se e atribuem-lhes as suas diferentes missões. Assistem os homens na sua aflição, incitam-nos ao bem ou à expiação e à reparação de faltas que os afastam da felicidade suprema. Melhorando-se, os Espíritos de ordens inferiores passam às ordens superiores na hierarquia espírita.

Anjos e demônios

Os seres imateriais aos quais as teogonias dão o nome de anjos e demônios são apenas Espíritos; alguns – sob o título de anjos –, percorreram todos os graus da perfeição e chegaram ao topo da escada; e outros – sob a designação de demônios – foram refratários à lei da perfeição e permaneceram impuros, levianos e perversos. No entanto, os Espíritos da última categoria chegarão a um estado melhor, quando tiverem vontade, e cessarão de se queixar das provas que devem suportar como expiação e reparação por suas faltas.

Encarnação dos Espíritos

A encarnação é para o Espírito um meio de chegar à perfeição; para uns é uma expiação, para outros é uma missão. A encarnação tem também outro objetivo: levar cada espírito a cumprir sua missão na obra da criação. Dessa forma, contribuindo para a obra geral, cada Espírito trabalha para seu próprio progresso. Para chegar à perfeição, os Espíritos devem sofrer as vicissitudes da existência corporal, quer neste mundo, quer num outro, ou ainda em vários planetas.

'Alma' e 'Espírito' são duas palavras que expressam a mesma coisa. As almas são apenas Espíritos.

O homem é um Espírito encarnado formado de três partes essenciais: 1° o corpo ou ser material análogo ao corpo dos animais e dotado do mesmo princípio vital; 2° a alma ou Espírito, cujo corpo é a morada; 3° o perispírito, substância semi-material que serve de primeiro envoltório ao Espírito. Tais são, num fruto, a semente, o perisperma e a casca.

Materialismo

Por uma aberração da inteligência, há pessoas que veem nos seres orgânicos apenas a ação da matéria, e todos os nossos atos dizem respeito a ela. Eles só viram no corpo humano a máquina elétrica; apenas estudaram o mecanismo da vida no jogo dos órgãos; muitas vezes viram a vida apagar-se por um fio rompido; procuraram saber se algo permanecia e, como não encontraram nada além da matéria inerte, como não viram a alma evadir-se e não puderam segurá-la, concluíram que tudo estava nas propriedades da matéria, de modo que, após a morte, há apenas o nada do pensamento. Triste consequência se fosse assim, pois o bem e o mal não teriam objetivo; o homem seria então autorizado a só pensar em si e, acima de tudo, a satisfazer seus prazeres materiais; os laços sociais seriam rompidos e os afetos mais sagrados seriam partidos para sempre. Instintivamente, o homem pensa que tudo para ele não acaba com a vida, ele tem horror do nada; e, quando chega o momento supremo, ele se pergunta o que será dele no além-túmulo. A ideia de deixar a vida sem retorno tem algo de devastador. Como encarar com indiferença uma separação absoluta, eterna, de tudo que se tem amado? Quem poderia ver sem medo abrir-se diante de si o abismo imenso do nada, onde iriam mergulhar para sempre todas as nossas faculdades, todas as nossas esperanças? A razão, de acordo com uma espécie de voz interior, nos ensina que tudo não termina com o corpo. Mas em que consiste essa existência futura vaga e indefinida? Nem a religião nem as escolas filosóficas deram a essa pergunta uma resposta que possa satisfazer o nosso amor pelo positivo. É o que gera dúvidas entre muitos indivíduos. Temos uma alma? Será que ela tem uma forma, uma aparência qualquer? Se temos uma alma, o que ocorre com ela depois da morte? Será que ela se funde na imensidão com o fluido universal ou mantém a sua individualidade? Em que consiste essa existência além-túmulo com as suas tristezas e alegrias de acordo com o mérito e o demérito das nossas ações nesta terra? Fala-se que ninguém voltou do outro mundo para dar-nos conta de tudo isso.

Eis precisamente o erro comum de tanta gente que o espiritismo vem combater. Sua missão é esclarecer sobre esse futuro, mostrá-lo sem véus e sem nuvens, e ajudar-nos a senti-lo palpável de alguma forma, não pelo raciocínio, mas pelos fatos. Graças às comunicações espíritas, a realidade aparece, os seres de além-túmulo vêm retratar sua situação e dizer aos encarnados o que fazem, de modo que possamos assistir, de certa forma, a todas as vicissitudes de sua nova vida, e por esse meio nos mostram o destino que é reservado de acordo com nossos méritos e nossos erros.

Retorno da vida corporal à vida espiritual

A alma, após a morte, volta a ser Espírito e entra novamente no mundo espiritual deixado momentaneamente. Ela conserva a sua individualidade e ainda tem um fluido que lhe é próprio, que extrai da atmosfera do seu planeta e que tem a aparência de sua última encarnação: o seu perispírito. A separação da alma e do corpo, no momento psicológico, não é dolorosa. Os sofrimentos da doença que afetam o corpo, às vezes, em nossos últimos momentos, são um gozo para o Espírito que vê chegar o termo de seu exílio. Na morte natural, aquela que resulta do esgotamento dos órgãos em uma idade avançada, o homem deixa a vida sem percebê-lo, como uma luz se apaga por falta de energia. A alma liberta-se gradualmente da matéria, com uma lentidão variável conforme os indivíduos. Para uns, a libertação ocorre dentro de poucas horas; para outros, ocorre depois de vários dias, semanas e até meses; para outros ainda, são necessários anos para o desenlace ser completo. No momento da morte, a alma está em um estado que chamamos de "perturbação espírita", que não tem nada de doloroso em si, e cuja duração é variável. A alma está como que aturdida e na situação de um indivíduo que sai de um sono profundo procurando compreender sua condição.

3. Pluralidade das Existências

Reencarnação

A alma que não alcançou a perfeição durante a vida corporal deve sofrer a prova de uma nova existência ou de várias existências para concluir a sua purificação. O objetivo da reencarnação é a melhoria progressiva da humanidade.

O número de reencarnações não é limitado para um Espírito. A cada nova vida, ele dá um passo no caminho do progresso. Uma vez despojado de todas as suas impurezas, não precisa mais das provas da vida corporal.

Justiça da reencarnação

Todos os Espíritos tendem à perfeição, e os meios para alcançá-la são fornecidos pelas provações da vida corporal. O que não puderam fazer ou terminar em uma primeira prova poderá ser realizado nas novas existências.

A doutrina da reencarnação, que consiste em admitir para o homem várias existências sucessivas, é a que responde melhor à ideia que temos da justiça de Deus em relação aos indivíduos colocados numa condição moral inferior.

Encarnações em diferentes mundos

As encarnações não são cumpridas todas na Terra, mas a alma pode reviver várias vezes no mesmo globo, se não for bastante avançada para ir a um mundo superior. As nossas existências, portanto, podem ter como palco diferentes mundos, uns superiores, outros inferiores ao nosso planeta. Todos os mundos são solidários: o que não é feito em um pode ser realizado em outro.

Transmigração progressiva

O Espírito não goza da plenitude das suas faculdades desde o início de sua formação; tem a sua infância, como o homem. Na origem, os Espíritos têm apenas uma existência instintiva e pouca consciência de si mesmos e de seus atos; é apenas gradualmente que a inteligência se desenvolve.

A criação dos Espíritos é incessante como a geração de crianças em nossa humanidade, mas permanece um mistério para nosso entendimento. A vida do Espírito como um todo passa pelas mesmas fases que na vida corporal; muda gradualmente do estado de embrião ao da infância, para chegar por uma sucessão de períodos à fase adulta, que representa para o Espírito o estado da perfeição, com a diferença de que não tem declínio nem decrepitude. Sua vida, que teve um início, não tem fim, mas ele precisa de muito tempo para passar da infância espírita ao desenvolvimento completo e seu progresso não se realiza sobre uma única esfera: passa por diversos mundos.

Sexo nos Espíritos

Os atributos dos sexos dependem da organização; nos Espíritos esses sinais não existem. O amor e a simpatia que sentem uns pelos outros se baseiam na semelhança de sentimentos. Os Espíritos encarnam homens ou mulheres porque não têm sexo, pois cada posição social oferece-lhes provas e deveres especiais e a oportunidade de adquirir experiência.

4. Vida Espírita

Espíritos errantes

A alma, após a morte, reencarna após intervalos mais ou menos longos, que podem ser de algumas horas ou vários milhares de séculos. Durante o intervalo das reencarnações, o Espírito está no estado de erraticidade. Os Espíritos errantes são portanto os espíritos liberados do corpo material e esperando uma nova encarnação para melhorar-se. Eles ainda podem instruir-se e elevar-se, mesmo no estado de Espíritos errantes, ouvindo o discurso de homens esclarecidos e conselhos de Espíritos superiores.

Percepções, sensações e sofrimentos dos Espíritos

A alma, de volta ao mundo espiritual, conserva as percepções que tinha na vida corporal e adquire outras; o corpo era um obstáculo ao desenvolvimento de sua inteligência. Quanto mais os Espíritos aproximam-se da perfeição, mais têm conhecimento; os Espíritos inferiores são mais ou menos ignorantes de todas as coisas. A faculdade que os Espíritos têm de ver é uma propriedade inerente à sua natureza e que reside em todo o seu ser, como a luz reside em todas as partes de um corpo luminoso. A faculdade de ouvir está em todo o seu ser, como a de ver. Todas as percepções são atributos do Espírito e fazem parte do seu ser; quando revestido de um corpo material, elas chegam apenas pelo canal dos órgãos, mas no estado de liberdade não são mais localizadas.

As qualidades sensitivas são igualmente muito desenvolvidas nos Espíritos, e é pela mesma razão, a libertação da matéria, que suas percepções são tão perfeitas. Os Espíritos não experimentam nossas necessidades nem nossos sofrimentos físicos, mas eles podem ter que suportar as dores morais e as angústias que os torturam mais cruelmente do que os sofrimentos físicos. Quando se diz que os Espíritos são inacessíveis às nossas impressões materiais, estamos falando de Espíritos muito elevados, cujo envoltório etéreo nada tem de análogo aqui na terra. Não é o mesmo para aqueles cujo perispírito é mais denso; esses percebem os nossos sons e odores, mas não por uma parte limitada de sua individualidade, como em sua vida; eles podem até sentir dor física, experimentar sensações de calor e frio; no entanto a temperatura não lhes causa nenhuma impressão, e a dor que sentem não é realmente uma dor física, é mais uma lembrança do que uma realidade, mas uma lembrança igualmente penosa.

Às vezes, há mais do que uma recordação; por exemplo, em casos de morte violenta, o Espírito não consegue explicar sua situação, ele não acredita estar morto, pois se sente vivo, e esse estado dura enquanto houver uma ligação entre o corpo e o perispírito. Um Espírito de um suicida, interrogado sobre seu estado, algumas semanas após sua morte, respondia: "Não, eu não estou morto", e acrescentava: "*No entanto, sinto os vermes roerem o meu corpo*".

Quando outros Espíritos foram interrogados sobre a mesma pergunta, eles responderam que os sofrimentos de um Espírito são sempre o resultado da maneira como ele viveu quando encarnado, e depende do homem libertar-se da influência da matéria desde essa vida, dominando suas paixões animais, expulsando do seu coração o ódio, a inveja, o orgulho, não se deixando dominar pelo egoísmo e fazendo o bem. Então, quando deixa seu envoltório, já está purificado; sua alma não conserva nenhuma impressão desagradável dos sofrimentos físicos, sente-se feliz por se haver libertado deles e a tranquilidade de sua consciência o isenta de qualquer dor moral.

Escolha das provas

Na erraticidade, antes de voltar a uma nova existência corporal, o próprio Espírito escolhe o tipo de provas a que ele quer se submeter, portanto é nisso que consiste o seu livre-arbítrio. Contudo, pode acontecer que um tipo de existência seja-lhe imposto por uma vontade superior à sua. O Espírito escolhe, entre as provas, aquelas que podem ser uma expiação para ele, pela natureza de suas faltas, e fazê-lo avançar mais rápido. Uns podem, portanto, entrar em uma vida de miséria e de privações para tentar suportá-la com coragem; outros podem querer passar por provas de riqueza e poder, bem mais perigosas pelo mau uso que se pode fazer e pelas más paixões que desenvolvem; outros ainda podem querer entrar em contato com o vício para ter que lutar contra o seu envolvimento. Os Espíritos sabem que a felicidade suprema deve ser a recompensa das provas e atribulações das existências suportadas com coragem e resignação, nas quais eles podem triunfar das suas más inclinações. Portanto, exigem muitas vezes a prova mais dura, e por conseguinte a existência mais penosa, na esperança de chegar mais rápido a um estado melhor.

Relações de além-túmulo

Na vida além-túmulo, os Espíritos têm, uns sobre os outros, a autoridade correspondente à sua superioridade; eles exercem essa autoridade por um ascendente moral irresistível.

A individualidade dos Espíritos constata-se pelo perispírito, que os distingue uns dos outros, como o corpo entre os homens. As almas, quando entram no mundo dos Espíritos, são acolhidas com alegria pelos seus parentes e amigos falecidos antes deles, se tiverem cumprido sua missão na Terra. As almas marcadas por uma vida desperdiçada permanecem em isolamento ou são rodeadas por Espíritos maus: é uma punição que elas têm de suportar.

Volta à vida corporal

Os Espíritos sabem que devem retomar um corpo, como sabemos que temos de morrer um dia, mas eles ignoram quando esse evento irá acontecer. O momento da encarnação é acompanhado de uma perturbação semelhante ao momento da separação da alma do corpo, só que muito maior e de uma duração muito mais longa. Com a morte, o Espírito sai da escravidão; com o nascimento, ele entra.

O Espírito só toma consciência de sua reencarnação no último momento, quando a hora chegou; então uma perturbação extraordinária se apodera dele como acontece com o homem que está agonizando, e essa condição persiste até que a nova vida esteja claramente formada. Diante da proximidade da reencarnação, o Espírito sente uma espécie de agonia. A união da alma e do corpo começa na concepção, mas se completa apenas no nascimento. A partir do momento da concepção, o Espírito designado para habitar o feto em formação está ligado fluidicamente a ele e vai se aproximando cada vez mais até o dia do nascimento da criança. A vida fetal intrauterina é semelhante à da planta que vegeta. A criança vive vida animal. O Espírito, no corpo da criança recém-nascida, sofre as consequências da manifestação dos seus órgãos imperfeitos. A perturbação que acompanha a encarnação não cessa no momento do nascimento: dissipa-se apenas gradualmente com o desenvolvimento dos órgãos. É só crescendo, e uma vez atingida a idade adulta, que ele se mostra na plenitude das suas faculdades que refletem seu estado de adiantamento no mundo espiritual. O exercício das suas faculdades depende dos órgãos que lhe servem de instrumento.

O Espírito encarnado perde a lembrança de suas vidas passadas, espirituais ou corporais. Mas, em sua vida além-túmulo, ele tem delas um conhecimento mais ou menos perfeito, em função da quantidade, do seu afastamento no passado e da importância dos acontecimentos dos quais tenha participado. O esquecimento do passado, em nosso mundo tão imperfeito, testemunha a sabedoria da lei divina. A lembrança das nossas individualidades anteriores traria inconvenientes muito graves e poderia, em certos casos, humilhar-nos estranhamente, em outros, exaltar nosso orgulho e por isso tolher o nosso livre-arbítrio.

Emancipação da alma

O sono libera em parte a alma do corpo. Quando dormimos, estamos temporariamente no estado em que o ser se encontra de maneira permanente após a morte. Alguns, quando dormem, juntam-se a Espíritos mais elevados, viajam, conversam e instruem-se com eles. Outros, menos elevados, entram em relação com Espíritos levianos que vagueiam em nossa atmosfera, ou vão a mundos inferiores da terra, onde são chamados por antigas afeições. Os sonhos são o produto da emancipação da alma tornada mais independente pela suspensão da vida ativa e de relacionamento. Por isso, uma espécie de clarividência indefinida se estende a lugares mais distantes ou que nunca foram vistos por nós, e às vezes até outros mundos. Pessoas que se conhecem e vivem em lugares diferentes, e até mesmo pessoas que não tiveram relações na vida presente, podem visitar-se durante o sono, reunir-se e discutir temas de seu interesse ou de coisas e eventos relacionados às suas vidas anteriores durante as quais relações foram estabelecidas entre elas. Desses encontros noturnos, resultam às vezes certas ideias que vêm espontaneamente ao Espírito no decorrer do dia, é o que chamamos de *intuição*. Diz-se também, vulgarmente, que "o travesseiro é bom conselheiro", e muitas pessoas cautelosas deixam para o dia seguinte uma tomada de decisão importante.

Essas pessoas são avisadas por um instinto secreto que, durante o seu sono, amigos do mundo invisível vão lhes dar conselhos úteis.

O estado de sonambulismo natural deixa ao Espírito uma independência ainda mais completa do que no estado de sono. O Espírito se consagra totalmente a si mesmo; os órgãos materiais, estando de certa forma em catalepsia, não recebem impressões externas. O sonambulismo magnético é idêntico ao sonambulismo natural, exceto por ser provocado por meios particulares adotados pelo magnetismo. A clarividência do sonâmbulo é a de sua alma ou de seu Espírito, que atravessa o corpo opaco e cruza as distâncias. Os sonâmbulos também recebem comunicações de outros Espíritos que lhes transmitem o que devem dizer e suprem a sua insuficiência nas coisas que não são de sua competência.

O êxtase é um estado de sonambulismo mais apurado, no qual a alma é ainda mais independente da matéria. A faculdade de *dupla vista* é ainda um estado de emancipação da alma; esta faculdade é permanente para algumas pessoas, mas seu exercício ainda é sujeito a determinadas condições que não foram definidas. O sonambulismo natural e artificial, o êxtase e a dupla vista são apenas variedades ou modificações de uma mesma causa: esses fenômenos, assim como os sonhos, estão na natureza.

Intervenção dos Espíritos no mundo corporal

Os Espíritos penetram o nosso pensamento; muitas vezes eles sabem o que gostaríamos de esconder de nós mesmos. Nem atos, nem pensamentos podem ser-lhes dissimulados. Quando imaginamos estar completamente sós, uma multidão de Espíritos está ao nosso redor a nos observar. Sua influência sobre nossos pensamentos e nossas ações é considerável. Muitas vezes, uma ideia relacionada a um objeto em que nós não pensávamos surge a nossa mente; essa ideia que nos chega espontaneamente é sugerida por um Espírito. Os Espíritos malignos inspiram atos maus; os bons Espíritos nos levam aos atos meritórios. Às vezes sentimos uma sensação de angústia, de uma ansiedade indefinível ou de satisfação interior sem causa conhecida; trata-se dos efeitos da comunicação involuntária que temos com os Espíritos ou que tivemos com eles durante o sono.

Os Espíritos se afeiçoam a certas pessoas em detrimento de outras, como acontece entre nós, mas essa afeição não tem nada de carnal, é exclusivamente moral; às vezes, contudo, pode misturar-se a uma lembrança das paixões humanas. Nossos parentes e amigos que nos precederam na outra vida têm para nós mais simpatia do que os Espíritos que nos são estranhos. Os bons Espíritos simpatizam com os homens de bem, ou susceptíveis de se melhorarem; os Espíritos inferiores, com os indivíduos que são ou que podem tornar-se viciosos – daí a sua ligação, devido à semelhança de sensações. Os Espíritos se incomodam pouco com as desgraças que afetam nossas ideias mundanas, assim como nós em relação às mágoas pueris das crianças. Eles veem nas aflições da vida um meio para progredirmos e as consideram como uma crise momentânea que deve salvar o doente. No entanto, eles se compadecem dos nossos sofrimentos e esforçam-se para aumentar a nossa coragem.

Certos Espíritos se ligam a um indivíduo em particular e tornam-se seus protetores; velam pelo seu protegido como um pai pelos seus filhos, procurando levá-los na direção certa, ajudando com seus conselhos, consolando em suas aflições, dando coragem nas provas da vida. São chamados de Espíritos protetores. Unem-se a um indivíduo desde o seu nascimento até a sua morte, e muitas vezes seguem-no após a morte, na vida espiritual, e até mesmo durante várias existências corporais. São missões atribuídas a Espíritos de uma ordem elevada. No entanto, Espíritos de uma ordem inferior podem também cumprir essa função; por exemplo, um pai ou uma mãe, após a sua morte, podem continuar a proteger e orientar seus filhos que permaneceram na terra. Mas a proteção requer certo grau de elevação, quando são assistidos nessa tarefa por um Espírito superior. Podemos ter vários Espíritos simpáticos mais ou menos elevados interessados em nós, como existem alguns assistindo-nos no mal.

Alguns Espíritos se ligam aos membros de uma mesma família que vivem juntos e estão unidos pela afeição, mas não existem Espíritos protetores do orgulho das raças. As aglomerações de indivíduos como as sociedades, as cidades, as nações também têm seus Espíritos protetores especiais. Essas reuniões são individualidades coletivas que caminham para um objetivo comum e que precisam de uma direção superior. Entre os povos, as causas de atração dos Espíritos são os costumes, os hábitos, o caráter dominante, as leis sobretudo, porque o caráter da nação se reflete em suas leis. Por toda parte onde as leis consagram disposições injustas, contrárias à humanidade, os bons Espíritos estão em minoria e a massa dos maus que afluem mantém as nações nas suas ideias reacionárias e paralisa as boas influências.

O que chamamos de 'pressentimento' é ainda uma forma de intervenção de nossos Espíritos protetores nas coisas da vida. É o conselho íntimo e oculto de um Espírito que gosta de nós. O pressentimento também está na intuição da escolha que fazemos em alguma coisa, é a voz do instinto. Analisando as diversas circunstâncias felizes ou infelizes de nossas vidas, cada um de nós verá que em muitas ocasiões recebeu conselhos, sob a forma de pressentimento ou através de pessoas que nos abordam, inspiradas por nossos bons Espíritos, e teria evitado muitos transtornos se os tivesse escutado.

Os Espíritos têm uma influência sobre os acontecimentos da vida, mesmo além dos pensamentos que sugerem, mas sem violar as leis da natureza. Alguns Espíritos perseguem pessoalmente com animosidade certos indivíduos com quem tiveram problemas em sua vida, e às vezes esse ódio persiste por várias vidas. Os Espíritos atuam também sobre os fenômenos da natureza; uns exercem sua ação sobre os elementos para perturbar ou acalmar, outros sobre a vegetação, cada um em seu respectivo campo de atuação, seja sozinho, seja em grupos, de maneira coletiva.

Ocupações e missões dos Espíritos

Os Espíritos concorrem para a harmonia do universo, em ocupações e missões diferentes, cada um de acordo com seu grau de elevação; todos têm deveres a cumprir, os Espíritos inferiores e imperfeitos como os Espíritos de ordens mais elevadas, da mesma forma que o pedreiro mais humilde contribui para a construção de um edifício, como o arquiteto e o empreiteiro, que desenharam a planta e dirigem o trabalho. Os Espíritos inferiores têm ocupações apropriadas à sua natureza.

As missões dos Espíritos sempre têm o bem por propósito. Quer como Espíritos, quer como homens, eles são encarregados de auxiliar o progresso da humanidade, dos povos ou dos indivíduos, dentro de um círculo de ideias mais ou menos amplo, mais ou menos especial, para preparar o caminho para certos eventos, para garantir o cumprimento de certas obras. Alguns têm missões mais limitadas e de certa forma pessoais ou inteiramente locais, por exemplo, ajudar os doentes, os moribundos, os aflitos, velar por aqueles de quem se tornam guias e protetores, para dirigi-los com seus conselhos ou pelos bons pensamentos que lhes sugerem. Podemos dizer que há tantos tipos de missões quantas as espécies de interesses a monitorar, seja no mundo físico ou no mundo moral. O Espírito avança conforme a maneira que realiza sua tarefa.

5. Os Três Reinos da Natureza

O reino mineral. A matéria inerte em si é apenas uma força mecânica.

O reino vegetal. As plantas, constituídas por matéria inerte, são dotadas de vitalidade.

O reino animal. Os animais, compostos de matéria inerte, dotados de vitalidade, têm mais uma inteligência instintiva, limitada, além da consciência de sua existência e de sua individualidade.

Tendo tudo o que há nas plantas e nos animais, o homem domina todas as outras classes pela sua inteligência especial, indefinida, que lhe dá consciência do futuro, a percepção das coisas extramateriais e a ideia de Deus.

Se compararmos os seres humanos e os animais no que se refere à inteligência, é difícil estabelecer a linha de demarcação, pois vários animais demonstram, nesse aspecto, uma superioridade notável sobre certos homens. Fisicamente, o homem é como os animais, e menos bem equipado do que muitos deles; a natureza deu-lhes tudo o que o homem deve inventar ou apropriar-se. Seu corpo se destrói como o corpo dos animais, mas ele é o único a poder entender o destino do seu

Espírito. Os animais têm em si um princípio independente da matéria, uma alma, inferior à do homem. Após a morte, a alma dos animais conserva sua individualidade, mas os animais não têm consciência disso. A vida inteligente permanece neles em estado latente. A alma dos animais é classificada, após a morte, pelos Espíritos responsáveis por esta função e quase imediatamente utilizada. Os animais progridem de acordo com a lei comum; nos mundos superiores são dotados de qualidades superiores às dos seus congêneres do nosso globo; mas estão sempre abaixo do homem, são para ele servidores inteligentes. Do elemento inteligente universal, os animais extraem o princípio inteligente que constitui a espécie particular de alma de que são dotados. É nesses seres que o princípio inteligente se elabora, individualiza-se gradualmente para tentar viver. Trata-se de certo modo de um trabalho preparatório, como a germinação, após o qual o princípio inteligente sofre uma transformação e se torna *Espírito*. É quando começa para ele o período humano, e com ele a consciência do seu futuro, a distinção entre o bem e o mal e a responsabilidade dos seus atos. Nessa origem, não há nada que deva humilhar o homem. Os maiores gênios não foram fetos informes no útero? Reconheçamos a grandeza de Deus nessa admirável harmonia que faz que tudo seja solidário na natureza.

O período da humanidade, para os Espíritos que passaram a fase da animalidade, começa geralmente em mundos ainda mais inferiores que a Terra. Esses novos Espíritos conservam por algumas gerações certos traços desse estado que poderia ser chamado de anti-humanitário, pois nada se faz na natureza por transição brusca; há sempre os anéis que ligam os elos da cadeia dos seres e dos acontecimentos; mas esses traços apagam-se com o desenvolvimento do livre-arbítrio. Os primeiros progressos realizam-se lentamente, porque ainda não são secundados pela vontade; seguem uma progressão mais rápida à medida que o Espírito adquire uma consciência mais perfeita de si mesmo.

6. A lei divina ou natural

A lei natural é a lei de Deus; é a única que pode garantir a felicidade do homem. Graças a ela, ele sabe o que deve ou não fazer, e só é infeliz quando dela se afasta. A lei natural é eterna e imutável como o próprio Deus. Deus não pode prescrever aos homens aquilo que, em outra época, ele teria proibido, como alega o catolicismo enxertado no mosaísmo. As leis de Deus são perfeitas; a harmonia que rege o universo material e moral é baseada nas leis que Deus estabeleceu por toda a eternidade. São os homens, porém, que fizeram as leis que atribuem à divindade, e como são imperfeitas, são forçados a mudá-las. Por isso, muitas novas religiões vêm substituir as antigas, que vão dar lugar, por sua vez, a outras seitas, e isso constante e incessantemente ao longo dos séculos.

Entre as leis divinas, algumas regem o movimento e as relações da matéria bruta: são as leis físicas, e seu estudo é do domínio da ciência. Outras se referem ao homem em si mesmo e ao seu relacionamento com Deus e com seus semelhantes. Compreendem as regras da vida do corpo, assim como as da vida da alma: são as leis morais.

Deus deu a todos os homens os meios para conhecer a lei natural, e um dia todos a compreenderão, porque é preciso que o progresso se realize. Os homens que meditaram sobre a sabedoria puderam compreendê-la e ensiná-la desde os séculos mais recuados; é por isso que os preceitos que consagram foram proclamados em todos os tempos pelos homens de bem e por alguns legisladores. Mas muitos desses preceitos deviam estar incompletos ou alterados pela ignorância e superstição.

A moral é a regra de bem proceder, ou seja, a distinção entre o bem e o mal. O homem se comporta bem quando faz tudo para o bem de todos, porque então observa a lei de Deus. Fazer o mal é transgredir essa lei. A regra do bem e do mal, em relação à conduta do homem para com seus semelhantes, pode ser chamada de *lei de reciprocidade e de solidariedade.*

O bem e o mal são absolutos para todos os indivíduos, mas há diferença no grau de responsabilidade, de acordo com seu nível de educação. O homem esclarecido que comete uma simples injustiça é mais culpado aos olhos de Deus do que o selvagem ignorante que se entrega aos seus instintos ferozes.

Para cumprir seu dever, o homem tem a obrigação de fazer o bem, até o limite de suas forças. Somos culpados pelo mal que fazemos, e ainda somos culpados se não formos capazes de fazer todo o bem que seríamos capazes de realizar.

A adoração

Elevação do pensamento a Deus. Pela adoração, o ser aproxima a sua alma da divindade. Deus prefere os que o adoram do fundo do coração, com sinceridade, fazendo o bem e evitando o mal, àqueles que acreditam em honrar cerimônias que não os tornam melhores para os seus semelhantes. Todas as religiões, todas as cerimônias religiosas deveriam, por conseguinte, ser suprimidas, e também deveriam ser tirados e devolvidos ao trabalho útil aqueles que se dizem ministros de Deus ou dos deuses.

A oração é um ato de adoração. Orar Deus é pôr-se em comunicação com ele. Através da oração, podemos propor-nos a três coisas: louvar, pedir, agradecer.

O trabalho

O trabalho é uma lei da natureza, pelo simples fato de que é uma necessidade, e a civilização obriga o homem a mais trabalho, porque aumenta suas necessidades e seus prazeres. Ninguém deve subtrair-se à obrigação do trabalho, quer manual, quer intelectual ou alternado. Quem tiver bens suficientes para garantir a sua existência não está livre da lei do trabalho; sua obrigação é ainda maior, porque ele deve primeiro o seu labor pessoal à sociedade e, em seguida, os bens que estão à sua disposição devem ser aplicados para o progresso ou o interesse geral. Deus condena aqueles cuja existência é intencionalmente inútil; esses são vespões, parasitas, ladrões que vivem à custa dos outros. O limite do trabalho é o limite das forças. Homens e mulheres, jovens e velhos, todo mundo deve trabalhar, sem exceção, salvo em caso de doença ou impedimentos legítimos. Todo indivíduo que tem o poder de comando é responsável pelo excesso de trabalho que impõe a seus subordinados, porque transgride a lei de Deus. O forte deve trabalhar para o fraco; na falta de família, a sociedade deve responder às necessidades das crianças, dos doentes, dos enfermos e dos idosos.

O casamento

A indissolubilidade do casamento é uma lei humana contrária à lei da natureza e deveria ser riscada dos códigos das nações nas quais essa prática existe. Dois cônjuges que deixaram de ter simpatia um pelo outro, ou entre os quais existe incompatibilidade de temperamento, têm todo o direito de se separar e contrair outra união, de acordo com suas conveniências.

GOZO DOS BENS TERRENOS

O uso dos bens terrenos é um direito de todos os homens. Essa lei é uma consequência da necessidade de viver. Portanto, a propriedade individual, tal como é consagrada entre os povos civilizados, é uma violação da lei natural, pois investe alguns indivíduos de um direito soberano de riquezas sociais em detrimento das classes trabalhadoras. Daí resulta a abundância de todas as coisas para alguns e a pobreza para muitos. *Ninguém tem o direito ao supérfluo enquanto cada um não tiver o necessário*. Qual é o limite do necessário? O homem sábio o conhece intuitivamente, muitos o conhecem por experiência e à sua custa. A natureza traçou os limites das necessidades humanas, mas para muitos os vícios alteraram sua constituição ou criaram falsas necessidades. Aqueles que monopolizam os bens da terra para obter o supérfluo, em detrimento daqueles que não têm o necessário, ignoram a lei de Deus e são responsáveis pelos sofrimentos que advêm das privações que terão feito aos seus irmãos.

Lei de conservação

A lei de conservação obriga o homem a suprir as necessidades do corpo; sem a força e a saúde, o trabalho é impossível. As privações voluntárias, o jejum e as mortificações são contrários à saúde e devem ser reprovados. No entanto, subtrair uma parte do necessário pode ser meritório, se tiver por objetivo dar àqueles que não têm o suficiente.

O bem-estar é um desejo natural do homem, Deus só proíbe o abuso de prazer, pois o abuso é contrário à conservação do indivíduo.

É permitido buscar o bem-estar, se não for adquirido à custa de ninguém e se não enfraquecer as forças morais ou as físicas.

Lei de destruição

Tudo deve ser destruído para renascer e regenerar-se. A destruição é uma transformação que visa renovar e melhorar os seres vivos. Para se alimentarem, os seres vivos reciprocamente se destroem, com a dupla finalidade de manter o equilíbrio na reprodução, que poderia tornar-se excessiva, e de usar os restos do envoltório exterior. Esse envoltório é apenas o acessório, não a parte essencial do ser pensante; a parte essencial é o princípio inteligente, que é indestrutível e se elabora com as diferentes metamorfoses que sofre. A necessidade de destruição é proporcional ao estado mais ou menos material dos mundos; cessa com um estado físico e moral mais purificado.

Nos mundos mais avançados que o nosso globo, as condições de vida são muito diferentes. A necessidade de destruição se enfraquece no homem à medida que o Espírito se sobrepõe à matéria; o horror à destruição aumenta com o desenvolvimento intelectual e moral.

Toda destruição que ultrapassa os limites da necessidade é uma violação da lei de Deus. A caça, por exemplo, quando tem por objetivo apenas o prazer, é crueldade, indica que os homens se entregam a esse exercício apenas com a finalidade de matar; é a predominância da bestialidade sobre a natureza espiritual. Os grandes caçadores são geralmente pessoas tolas e ignorantes.

As calamidades destruidoras, as convulsões naturais, a peste e a guerra têm sua utilidade física e moral, apesar dos sofrimentos que causam. Elas alteram às vezes o estado de uma região, mas o bem resultante é muitas vezes sentido apenas pelas gerações futuras. A causa que leva o homem à guerra é a predominância da natureza animal sobre a natureza espiritual e a satisfação por saciar suas paixões. À medida que a humanidade progride, as guerras se tornam menos frequentes e menos atrozes. Elas desaparecerão por completo quando os povos perceberem que são todos irmãos e que os reis são os seus únicos inimigos. Para os monarcas, como para as oligarquias, o povo não passa de *gado humano* destinado ao abate.

A crueldade é o instinto de destruição no que ele tem de pior; é o resultado de uma má natureza. Os homens cruéis são Espíritos de ordem inferior e muito atrasados. Esses seres malignos dominados pelo instinto do mal desaparecerão gradualmente do nosso mundo para renascer em outro envoltório, e à medida que ganharem experiência, entenderão melhor o bem e o mal.

O duelo é um costume que sobreviveu aos séculos de ignorância e de barbárie, quando era chamado de seu bom direito em campo fechado, sob o julgamento de Deus. É um assassinato e um hábito absurdo baseados em um suposto ponto de honra. Em qualquer conflito, há mais verdadeira honra em confessar-se culpado, se estiver errado, ou em perdoar, se estiver com a razão, e em todos os casos, em ignorar os insultos dos tolos ou dos vilões.

A pena de morte, conservada no código penal de vários países, testemunha a inferioridade moral entre os governadores e legisladores. A lei de conservação dá ao homem o direito de preservar sua própria vida colocando os criminosos na impossibilidade de atentar contra ela, mas há outras maneiras de se preservar de um perigo sem matar o seu semelhante. É necessário, aliás, abrir o caminho do arrependimento aos culpados, facilitar-lhes a expiação e a reparação do mal que cometeram. A pena de morte é um crime legal condenado pela filosofia e que desaparecerá – bem como os outros castigos corporais, os campos de trabalho forçado e as prisões – de todos os códigos penais com o progresso da civilização.

Lei de sociedade

A vida social está na natureza. O homem deve progredir, mas sozinho ele não o consegue, pois não tem todas as faculdades necessárias para isso; ele precisa do contato com outros homens. Quando isolado, ele se embrutece e enfraquece. Pela união social, os homens se complementam uns aos outros para garantir o seu bem-estar e progresso. As relações sociais são necessárias ao progresso; os laços familiares fortalecem as relações sociais, e é por isso que os laços familiares são uma lei da natureza. A família deve vir antes do indivíduo, mas a sociedade deve vir antes da família nas nossas aspirações e ações.

Lei do progresso

O estado natural da humanidade é a infância; é o ponto de partida de seu desenvolvimento intelectual e moral. O homem se desenvolve naturalmente, mas os indivíduos não progridem ao mesmo tempo e da mesma maneira; por isso, os mais avançados ajudam no progresso dos outros pelo contato social. Sendo o progresso uma condição da natureza humana, ninguém tem o poder de se opor a ele. É uma *força viva* que pode ser obstruída por leis impróprias, mas não pode ser suprimida. O progresso quebra todos os obstáculos e arrasta aqueles que tentam impedi-lo. As revoluções continuarão a ocorrer entre os povos até o dia em que os governos criarem leis em consonância com a justiça natural, que quer o bem para todos, e não leis feitas pelos fortes em detrimento dos mais fracos. Os maiores obstáculos ao progresso são o orgulho e o egoísmo das classes privilegiadas, dos príncipes e governantes, nobres e sacerdotes, militares e burgueses.

Existem dois tipos de progresso que se apoiam mutuamente, ainda que não andem lado a lado: o progresso intelectual e o progresso moral. Nosso século 19 atingiu um grau muito elevado de civilização graças às grandes descobertas e invenções maravilhosas, mas o lado moral permaneceu atrás. A sociedade sofre de vícios que a desonram; ela é sujeita a uma organização política e econômica absolutamente falha. As nações poderiam ser regidas unicamente pelas leis da natureza, sem o auxílio das leis humanas; e assim será quando os homens compreenderem melhor em que consistem os seus direitos e os seus deveres. *Anarquia* ou ausência de governo; *comuna e federação com a bandeira vermelha*, eis o que marcará o último progresso na sociedade.[13]

O espiritismo se destina a preparar o caminho para essa nova ordem de coisas, destruindo o materialismo, que é uma das chagas da sociedade; suprimindo todas as religiões que embrutecem a humanidade; fazendo com que os homens entendam em que consiste o seu verdadeiro interesse; acabando com os preconceitos de seitas, de castas, sexo e cor da pele; espalhando entre os homens o princípio de propriedade coletiva e de solidariedade que deve unir os homens como irmãos.

Lei de igualdade

Igualdade natural. Todos os homens estão submetidos às mesmas leis da natureza; todos nascem com a mesma fraqueza, estão sujeitos às mesmas dores, e o corpo do rico se destrói como

[13] Nota da editora: Esta frase, bastante panfletária, diz bem da época que foi escrita e de seu autor. De maneira menos apaixonada, os espíritos dizem o seguinte a Allan Kardec: "Quando os homens se houverem despojado do egoísmo que os domina, viverão como irmãos, não se fazendo mal, ajudando-se reciprocamente, movidos pelo sentimento mútuo da solidariedade; então o forte será o apoio e não o opressor do fraco, e não mais se verão homens carentes do necessário, pois que todos praticarão a lei da justiça. É o reinado do bem que os Espíritos estão encarregados de preparar. (Kardec, Allan. *O livro dos espíritos*, item 916. Lachâtre, 2012.)

o do pobre. A natureza a nenhum homem deu superioridade sobre o outro, seja por nascimento ou por morte; todos são iguais perante Deus. Mas os Espíritos não chegam ao mesmo tempo à vida espiritual; cada um deles vive há mais ou menos tempo, e por consequência tem feito mais ou menos aquisições. Vem daí uma diferença no grau de sua experiência e de sua vontade, que é o seu livre-arbítrio; e também uma diferença no grau de aperfeiçoamento entre uns e outros, dando-lhes várias aptidões. Deus não criou faculdades desiguais, mas permitiu que os diferentes graus de desenvolvimento estivessem em contato, para que os mais avançados possam auxiliar o progresso dos mais atrasados, e também para que os homens, que precisam uns dos outros, pudessem entender a lei de solidariedade. A desigualdade das condições sociais é obra dos homens e é contrária à lei natural. Essa desigualdade desaparecerá, bem como a predominância do orgulho e do egoísmo das classes dominantes. Ai daqueles que abusam de sua posição social superior para oprimir e explorar os fracos! Ai dos ricos perversos!

A desigualdade de riqueza em nossa sociedade tem duas fontes principais: o roubo e a velhacaria; e como causas subsidiárias: a diferença de aptidões, de forças, de inteligência entre os homens; enfim, acidentes de percurso, de posições, de qualidades e a diversidade de instrumentos com os quais exercem os poderes de trabalho e o direito iníquo de propriedade – por direito de primeiro ocupante, por direito de conquista ou de transferência a título de herança. Nos casos denunciados houve espoliação ou injustiça. Sem mestres, sem escravos, sem empregados, todos livres e iguais.

A igualdade perante as necessidades é a lei da natureza. É o direito. Em contrapartida, cada um deve trabalhar na medida de suas forças. É o dever. Do acordo desses dois princípios resultará a felicidade da humanidade. Enquanto se espera o reino da justiça, a riqueza e a miséria constituem provas pelas quais passamos alternadamente em nossas existências terrestres. A miséria provoca o murmúrio contra Deus e o crescimento do mal sob todas as formas; a riqueza excita os excessos e dá o meio de satisfazer todas as paixões. Deus experimenta o pobre pela resignação e o rico pelo uso que faz de seus bens e de seu poder.

Igualdade dos direitos do homem e da mulher

A lei humana, para ser justa, deve consagrar a igualdade dos direitos civis e políticos do homem e da mulher; qualquer privilégio concedido a um ou ao outro é contrário à justiça. A emancipação da mulher segue o progresso da civilização; sua submissão identifica-se com a barbárie. Ambos, o homem e a mulher, têm a inteligência do bem e do mal e a faculdade de progredir; eles são iguais perante Deus. A inferioridade moral da mulher, em alguns países, é o resultado das instituições sociais e do abuso da força sobre a fraqueza. Entre os homens pouco avançados do ponto de vista moral, a força se sobrepõe ao direito.

Lei de liberdade

A liberdade para o homem consiste no direito de dispor de sua pessoa, de fazer o que lhe agrada, respeitando, naturalmente, a liberdade do outro, se ele vive em sociedade, e cumprindo os seus deveres sociais. Desde que haja dois homens juntos, eles têm direitos a respeitar; não têm mais, portanto, liberdade absoluta.

Escravidão

Toda sujeição absoluta de um homem a outro homem é contrária à lei de Deus. A escravidão é um abuso da força; desaparece com o progresso, como desaparecerão gradualmente todos os abusos. A lei humana que consagra a escravidão é uma lei contra a natureza, uma vez que equipara o homem ao irracional e o degrada moral e fisicamente. Por muito tempo os homens consideraram certas raças humanas como animais trabalhadores dotados de braços e mãos a serem usados como bestas de carga. Alguns acreditam ter um sangue mais puro; tolos que veem apenas a matéria! Eles não se importam com o Espírito do escravo, que pode ser mais puro e inteligente que o deles.

Trabalho doméstico

A situação dos empregados em atividades domésticas, para as pessoas de ambos os sexos, é um derivado da escravidão. Em nossa sociedade, por causa de preconceitos ridículos e odiosos, os empregados e as empregadas domésticas são tratados com desprezo pelas mesmas pessoas a quem dispensam tantos serviços úteis. Patrões mantêm os domésticos afastados; são relegados à cozinha e vistos como seres de uma raça inferior. Os espíritas compreenderão que o seu dever é reagir contra os preconceitos sociais; eles admitirão seus empregados domésticos, como membros auxiliares da família, à sua mesa e em suas reuniões, e os farão participar de suas alegrias e de seus prazeres. Os mesmos princípios deverão ser aplicados pelos líderes da indústria, pelos patrões, em relação aos operários, às trabalhadoras, aos seus empregados, homens e mulheres que são colocados em um estado de subordinação consagrado pelos usos, mas que é contrário à lei natural que fez todos os seres iguais.

Liberdade de pensar

No pensamento o homem goza de uma liberdade absoluta. O pensamento não tem barreiras.

Liberdade de consciência

A liberdade de consciência é uma consequência da liberdade de pensar. A liberdade de consciência é uma das características da verdadeira civilização e do progresso.

Livre-arbítrio

O homem tem a liberdade de pensar e agir. Quando está na erraticidade, o Espírito liberado da matéria faz a escolha de suas existências corporais futuras, de acordo com o grau de perfeição a que chegou, e é nisso que reside sobretudo seu livre-arbítrio. Essa liberdade não é anulada pela encarnação. Se se render à influência da matéria, ele sucumbe às provas que ele mesmo escolheu, e é para ajudá-lo a superá-las que pode invocar a ajuda de Deus e dos bons Espíritos.
A questão do livre-arbítrio pode ser resumida assim: o homem não é fatalmente conduzido ao mal; os atos que cumpre não são escritos com antecedência em um livro do destino, os crimes que comete não são o resultado de uma decisão proferida por Deus. O Espírito pode, como prova e como expiação, escolher uma existência na qual terá que lutar contra os impulsos do

crime, seja em razão do ambiente em que ele se encontra, seja por causa de circunstâncias que surgem, mas ele é sempre livre para agir ou não agir. Assim, o livre-arbítrio existe no estado de Espírito, na escolha da existência e das provas, e na condição corporal, na faculdade de ceder ou de resistir aos impulsos aos quais somos voluntariamente submetidos.

Lei de justiça, de amor e de caridade

Deus colocou no coração do homem a regra de toda verdadeira justiça, fazendo que cada um deseje ver os seus direitos respeitados. O critério da justiça é "querer para os outros aquilo que quereríamos para nós mesmos". O direito público estabelecido pelos homens nem sempre é conforme à justiça; ele regula apenas algumas relações sociais, enquanto existe, na vida privada, uma imensidão de atos que são exclusivamente da responsabilidade do tribunal da consciência.

A propriedade é um roubo[14]

---

[14] Famosa frase de Pierre-Joseph Proudon (1809-1865), contida na obra *O que é a propriedade?*, publicada em 1840. A Allan Kardec, sem o mesmo impacto da afirmação de Proudhon, os espíritos insinuam algo semelhante, quando lhes foi perguntado sobre a origem da desigualdade das riquezas: "A desigualdade das riquezas não se origina da desigualdade das faculdades, que dá a uns mais que a outros meios de aquisição?" E os espíritos respondem: "Sim e não; e que dizes da astúcia e do roubo?" (Kardec, Allan. *O livro*

Entre as iniquidades sociais consagradas pela lei, o direito de propriedade está em flagrante contradição com a lei de justiça. O primeiro de todos os direitos naturais do homem é viver; ninguém tem o direito de atentar contra a vida de seu semelhante, nem de fazer qualquer coisa que possa comprometer a sua existência corpórea. Como o homem só pode satisfazer as necessidades de sua existência pelo trabalho, a sociedade deve fornecer-lhe as ferramentas e os recursos necessários para cumprir sua função de trabalhador. No entanto, o direito de propriedade – que permite a alguns homens insaciáveis acumular riquezas, deter terras e em geral todas as coisas que podem ser consideradas como instrumentos de trabalho – é uma violação da lei de justiça, porque consagra o roubo e o assassinato, já que a consequência da privação dos meios de trabalho leva muitos indivíduos à miséria e à morte por inanição. A única possessão legítima que existe é aquela que recebemos na divisão do patrimônio comum e que não causa nenhum prejuízo ao nosso próximo.

Caridade e amor ao próximo

Ambos os sentimentos são complementares da lei de justiça. O verdadeiro sentido da palavra caridade é: benevolência para com todos, indulgência para as imperfeições dos outros, perdão

dos espíritos, item 808. Lachâtre, 2012.)

das ofensas. Uma sociedade baseada na lei de justiça deve prover as necessidades do fraco, sem humilhá-lo. Deve assegurar a existência dos que não podem trabalhar, sem deixar sua vida à mercê da sorte e da boa vontade de outros homens, isto é, à esmola. O homem e a mulher reduzidos à mendicância se degradam moral e fisicamente, embrutecem-se.

7. Perfeição Moral

As virtudes e os vícios

Todas as virtudes têm seu mérito, porque todas são sinais de progresso no caminho do bem. Há virtude toda vez que há resistência voluntária às más inclinações; mas a sublimidade da virtude consiste no sacrifício do interesse pessoal para o bem do próximo, espontaneamente; a virtude mais meritória é a que se baseia na caridade mais desinteressada.

Todas as paixões têm seu princípio num sentimento ou numa necessidade da natureza. O princípio das paixões não é, portanto, um mal, pois se baseia em uma das condições providenciais de nossa existência. A paixão propriamente dita é o exagero de uma necessidade ou de um sentimento; ela está no excesso e não na causa, e esse excesso torna-se um mal quando resulta num mal qualquer. Toda paixão que aproxima o homem da natureza animal afasta-o da natureza espiritual. Todo sentimento que eleva o homem acima da natureza animal anuncia o predomínio do espírito sobre a matéria e o aproxima da perfeição.

Entre os vícios, aquele que podemos considerar como radical e o pior de todos é o egoísmo. Estude todos os vícios e verá que, basicamente, em todos há o egoísmo. Terá vontade de combatê-lo, mas não chegará a extirpá-lo enquanto não atacar o mal pela raiz, de modo a destruir a causa. O egoísmo é a verdadeira chaga da sociedade. Quem quiser se aproximar da perfeição moral, nesta vida, deve arrancar do seu coração todo sentimento de egoísmo, porque o egoísmo é incompatível com a justiça, o amor e a caridade: ele neutraliza todas as outras qualidades naquele que contamina.

Caracteres do homem de bem

O verdadeiro homem de bem é aquele que pratica a lei de justiça, de amor e de caridade, na sua maior pureza. Se interrogar a sua consciência sobre os atos que praticou, ele perguntará se não violou essa lei, se não fez o mal, se fez todo o bem que poderia ter feito, se ninguém tem razões para dele se queixar e, finalmente, se fez aos outros o que ele desejaria que lhe fizessem. O homem possuído do sentimento de caridade e de amor ao próximo faz o bem pelo bem, sem esperar nada em troca, e sacrifica o seu interesse à justiça. É bom, humano e benevolente para todos, porque vê irmãos em todos os homens, sem distinção de raça nem de crença. Ele é um livre-pensador que não admite nenhuma religião e não pratica nenhum culto. Se o acaso do nascimento ou dos acontecimentos deu-lhe o poder e a riqueza, ele considera essas coisas como

UM DEPÓSITO que deve usar para o bem. Só tira das riquezas que lhe foram confiadas aquilo que lhe é necessário para satisfazer suas necessidades razoáveis e distribuir o excedente entre os pobres para reparar, tanto quanto possível, as desigualdades legais. Se a ordem social colocou homens sob seu controle, ele os trata com bondade, pois sabe que são iguais por natureza, e usa sua autoridade para conduzi-los ao caminho do bem e melhorar a sua sorte do ponto de vista físico e moral. Por último, ele respeita nos seus semelhantes todos os direitos que as leis da natureza lhes dão, como gostaria que os seus fossem respeitados. Essas são as qualidades pelas quais se reconhece o homem de bem.

Penas e gozos terrestres

O homem não pode gozar na Terra da felicidade completa, pois o nosso planeta, devido ao estado de inferioridade em que se encontra atualmente, é consagrado às provas e expiações. No entanto, podemos viver uma felicidade relativa: para a vida material, com a posse do necessário; para a vida moral, com a consciência tranquila e fé no futuro. O homem que está convencido de seu destino futuro vê na vida corporal uma condição temporária; consola-se facilmente de alguns desconfortos transitórios de uma jornada que deverá levá-lo a uma condição melhor se seus preparativos estiverem bem adiantados. Os males deste mundo, na maior parte dos casos, são causados pelas necessidades fictícias que criamos. Aquele que sabe limitar seus desejos se poupa de grandes decepções na vida.

Confúcio, o sábio chinês, disse com razão: "O mais feliz é aquele que cria para si o mínimo de necessidades". O homem é verdadeiramente infeliz apenas quando lhe falta o necessário, isto é, o que é essencial para a vida e saúde do corpo. Há pessoas, contam-se aos milhões, que são desprovidas de todos os recursos, embora a abundância reine em torno delas. Quando os homens praticarem a lei de Deus, haverá uma ordem social baseada na justiça e na solidariedade, e ninguém será exposto, como hoje, a morrer de fome.

A perda daqueles que nos são caros é uma causa de profunda dor, da qual ninguém entre os homens está livre; é uma prova ou uma expiação; é a lei comum que atinge os ricos e os pobres. Mas, para nós, espíritas, a dor dessas perdas cruéis é suavizada por uma consolação, que é a de entrar em comunicação com os Espíritos de nossos queridos ausentes pelos meios que estão à nossa disposição, os *médiuns*, até que a ciência possa oferecer-nos outros, mais diretos e mais acessíveis aos nossos sentidos.

As decepções advindas da ingratidão e da fragilidade dos laços de amizade ainda são fontes de amargura; são provas ou expiações que devemos suportar com resignação.

As uniões antipáticas, especialmente em países onde o casamento é indissolúvel, são novas causas de dor que devem ser suportadas. Mas, à medida que os preconceitos se enfraquecerem, as causas dessas desgraças particulares desaparecerão.

O temor da morte é, para muitas pessoas, uma causa de perplexidade. O homem carnal, mais apegado à vida corporal que à vida espiritual, vive na terra dores e gozos materiais; sua felicidade está na satisfação fugaz de todos os seus desejos. Sua alma, constantemente preocupada e angustiada pelas vicissitudes da vida, está numa ansiedade e numa tortura perpétuas. A morte o assusta, porque ele duvida de seu futuro. Se for ateu ou materialista, ele tem diante de si o nada; se conservar as crenças da juventude, ele teme o fogo eterno do inferno que deve queimar os amaldiçoados sem destruí-los. O homem moral, que descartou todos os contos absurdos da religião, que se colocou acima das necessidades artificiais criadas pelas paixões, experimenta já neste mundo gozos que o homem material desconhece. A moderação de seus desejos dá ao seu espírito calma e serenidade. Feliz pelo bem que faz, não há decepções para ele e as contrariedades deslizam sobre a sua alma sem deixar marcas dolorosas.

Penas e gozos futuros

A ideia do nada repugna à razão. Acreditar em Deus sem admitir a vida futura seria um absurdo.

O sentimento de uma existência melhor está no foro íntimo de todos os homens. A vida futura implica a conservação de nossa individualidade após a morte. De fato, o que nos importaria sobreviver ao nosso corpo, se nossa essência moral houvesse de perder-se no oceano do infinito? Para nós, as consequências seriam as mesmas que o nada.

No momento da morte, um sentimento prevalece entre os homens: para os céticos, a dúvida; para os culpados, o medo; para as pessoas de bem, a esperança.

A consequência da vida futura é a responsabilidade de nossos atos. A razão e a justiça nos dizem que, na repartição da felicidade à qual todo homem aspira, os bons e os maus não podem ser confundidos. O sentimento inato que temos da justiça nos dá a intuição das futuras penas e recompensas. Todas as nossas ações estão submetidas às leis de Deus, mesmo as que nos pareçam mais insignificantes. Se sofrermos as consequências dessa violação, só devemos culpar a nós mesmos, que somos os artesãos da nossa felicidade ou da nossa infelicidade futura.

As penas e os gozos da alma após a morte não têm nada de material; eles são milhares de vezes mais vivos do que aqueles experimentados na terra, porque o espírito liberto é mais impressionável, a matéria não embota mais as suas sensações. A felicidade dos Espíritos purificados varia ao infinito, de acordo com o grau do seu estado moral. Eis as características principais: conhecer todas as coisas, não ter nem ódio, nem inveja, nem ambição, nem qualquer uma das paixões que fazem a desgraça dos homens. O amor que os une é para eles a fonte de uma suprema felicidade. Um sentimento de doce satisfação os penetra; para eles, levanta-se o véu que cobria os mistérios e as maravilhas da Criação e as perfeições divinas lhes aparecem em todo o seu esplendor.

Os sofrimentos dos Espíritos inferiores são tão variados quanto as causas que os produzem e proporcionais ao seu grau de imperfeição. Podem ser resumidos como: invejar tudo que lhe falta para ser feliz e não ser capaz de obtê-lo; arrependimento, ciúme, raiva, desespero, remorso, ansiedade moral indefinível. Eles têm o desejo de todos os prazeres sem poder satisfazê-los; isso os tortura. Para certos crimes, os sofrimentos são terríveis e aqueles que os suportam teriam dificuldade para descrevê-los. Reis e príncipes, homens sedentos de sangue e carnificina, padres e ricos, homens de rapina, vocês não escaparão da punição que merecem!

A expiação das faltas e dos crimes continua nas reencarnações do Espírito, isto é, depois de ter sofrido uma punição em sua existência além-túmulo, o Espírito pode ser chamado a recomeçar uma ou várias vidas corporais durante as quais ele estará exposto a todas as misérias, privações, doenças, humilhações de todo tipo. As penas e as tribulações das existências terrestres podem ser a expiação das faltas de uma outra existência, quando não são o resultado de faltas da vida atual.

A reencarnação da alma em um mundo superior à Terra é a consequência de sua depuração; à medida que os Espíritos se purificam, eles encarnam em mundos mais perfeitos, até que tenham se despojado de toda matéria e se lavado de suas impurezas, para desfrutarem eternamente da felicidade dos Espíritos puros no topo da escala espírita. O arrependimento das faltas cometidas ocorre no estado corporal e no estado espiritual. A consequência do arrependimento no estado corporal é fazer-nos avançar no caminho da perfeição desde a vida presente, se tivermos tempo de reparar as nossas faltas; e, no estado espiritual, inspirar-nos o desejo de uma nova encarnação para nos purificar. Todos nós alcançaremos a meta, mesmo aqueles que parecem mais endurecidos no mal e inacessíveis ao arrependimento; para uns, porém, em menos tempo do que para outros. Os Espíritos mais resistentes ao arrependimento chegarão a esta condição em algum momento, após uma série de existências de expiação em alternância nos mundos terrestres e no estado espiritual.

A duração dos sofrimentos dos culpados é regida pelas leis sob as quais se revelam a sabedoria e a bondade de Deus. A base de duração dos sofrimentos de um Espírito é o tempo necessário ao seu aperfeiçoamento. À medida que progride e purifica seus sentimentos, seus sofrimentos diminuem e mudam de natureza. Nenhum lugar circunscrito no universo é destinado às dores e aos gozos dos Espíritos; o paraíso, o purgatório, o inferno não existem, pelo menos na forma descrita pela religião católica. As penas e as recompensas são inerentes ao grau de perfeição dos Espíritos; cada um tira de si mesmo o princípio de sua própria felicidade ou desgraça; e como eles estão por toda parte, nenhum local circunscrito ou fechado é destinado a uma ou outra coisa. Quanto aos Espíritos encarnados, são mais ou menos felizes ou desgraçados, de acordo com o mundo em que habitam, que é mais ou menos avançado. O que se entende pela palavra *céu*, onde residiriam os justos, segundo algumas teogonias, nada mais é que o espaço universal, ou seja, a imensidão em que se movem os planetas, as estrelas e os mundos superiores onde os Espíritos gozam de todas as suas faculdades, sem as tribulações da vida material nem as angústias inerentes à inferioridade. A Terra é destinada a tornar-se uma estância de alegrias e de deleites, quando os homens quiserem que nela reinem o amor e a justiça, que são a fonte do bem e da felicidade. Os homens de fé e de boa vontade devem trabalhar com zelo e coragem na grande obra da regeneração.

8. Comunicações com o Mundo Invisível

Os médiuns

A experiência estabeleceu de maneira segura, irrecusável, que certas relações podiam existir e manifestar-se entre o mundo visível e o mundo invisível. Essa telegrafia espiritual, sendo admitida e praticada, abre um novo campo às investigações da ciência e permite abordar problemas que permaneceram até hoje insolúveis. As relações entre o mundo visível e o mundo invisível podem ser ocultas ou evidentes, espontâneas ou provocadas. Os Espíritos agem sobre os homens de maneira oculta pelos pensamentos que lhes sugerem e por certas influências, como inspirando pessoas ao seu redor a tomar resoluções ou fornecendo-lhes conselhos que fazem com que ajam em um sentido desejado pelos Espíritos. Eles atuam também de maneira patente por efeitos apreciáveis aos sentidos. As manifestações espontâneas, muitas vezes, têm por testemunhas pessoas estranhas às ideias espíritas que, não podendo dar-se conta desses fenômenos, atribuem-nos a causas sobrenaturais. Os devotos católicos os chamam de milagres. As manifestações provocadas ocorrem com a mediação de certas pessoas dotadas de faculdades especiais a quem chamados de médiuns.

Os Espíritos podem manifestar-se de muitas maneiras: por ruídos, movimentos de objetos, por escrito, por desenho, por música. Eles podem, em alguns casos, submeter o seu perispírito a uma espécie de modificação molecular que os torna visíveis e até mesmo tangíveis; é assim que ocorrem as aparições. Os Espíritos que se tornam visíveis se apresentam quase sempre com aparências que tinham quando vivos, sob as quais se façam reconhecíveis. As aparições isoladas são bastante frequentes, sobretudo no momento da morte das pessoas cujo Espírito se liberta rapidamente da matéria. Esses Espíritos parecem ansiosos de ir anunciar aos seus parentes e amigos que deixaram a terra e que ainda estão vivos, embora de outra maneira. Quantas dessas aparições ocorreram durante o sono, ou mesmo no estado de vigília, durante a noite, e às vezes durante o dia?! Anteriormente, eram atribuídas à magia, à bruxaria; agora, graças à ciência espírita, sabemos que não saem da ordem dos fenômenos naturais. É também usando seu perispírito que o Espírito faz os médiuns escreverem, falarem ou desenharem. Pelo mesmo meio, ele age sobre as mesas para movimentá-las, provocar trepidações e dar toques inteligentes com os pés, indicando as letras do alfabeto, fenômeno designado sob o nome de *tiptologia*.

Às vezes, a mesa sai do chão e flutua no espaço, sem ponto de apoio; outras vezes, desliza em direção a um dos assistentes; outras vezes ainda, repercute ruídos interiores que se parecem com um tiroteio. As manifestações espíritas, de qualquer natureza que sejam, não têm nada de sobrenatural nem de maravilhoso. São fenômenos que ocorrem em razão da lei que rege as relações entre o mundo visível e o invisível; lei tão natural quanto as da eletricidade, da gravitação etc.

As manifestações são de dois tipos: físicas e inteligentes. As primeiras são os fenômenos materiais e ostensivos, como os movimentos, os ruídos, os transportes de objetos etc. As outras consistem na troca de pensamentos com a ajuda de sinais, da fala ou da escrita.

As comunicações que recebemos dos Espíritos podem ser boas ou más, justas ou falsas, profundas ou levianas, dependendo da natureza dos Espíritos que se manifestam. Deve-se ter muita calma e recolhimento nas comunicações com os Espíritos, pois são as almas das pessoas falecidas que evocamos; e, nas conversas que temos com eles, não devemos nos afastar da deferência e do respeito que teríamos com as mesmas pessoas se estivessem vivas. Devemos lidar com eles ainda com mais respeito em sua vida espiritual.

Um ponto importante a considerar nas invocações é a absoluta liberdade dos Espíritos no que diz respeito aos apelos que lhes são feitos, pois se comunicam com os médiuns quando lhes convém e também quando podem responder aos apelos, porque têm as suas ocupações na vida espiritual que podem retê-los em outro lugar ou em outro mundo para cumprir uma missão qualquer. Os Espíritos não estão à nossa disposição, e ninguém pode trazê-los contra a sua vontade em um lugar qualquer, nem forçá-los a dizer o que querem calar. Os Espíritos são atraídos pela simpatia, pela semelhança de gostos e de caracteres, pela intenção que faz com que a sua presença seja desejada. Os Espíritos superiores não vão perder seu tempo nas reuniões fúteis, assim como um sábio da terra não iria a uma reunião de jovens desajuizados. Se, por vezes, um Espírito elevado consente visitar um grupo de pessoas levianas, é para dar um conselho salutar, combater os vícios e tentar levar alguns dos assistentes à direção certa. Se ele não é ouvido, retira-se e deixa o lugar a Espíritos tão levianos quanto aqueles que se encontram reunidos e que respondem às suas perguntas com mistificações. Toda reunião espírita, para ser proveitosa, deve ser séria, recolhida; tudo deve ocorrer com dignidade, se quiser obter o concurso habitual dos bons Espíritos.

As manifestações físicas são úteis, do ponto de vista dos fenômenos, e não excluem de modo algum a ordem e o bom comportamento nas reuniões onde ocorrem. Têm uma grande influência sobre muitas pessoas que dão mais credibilidade ao testemunho de seus olhos do que aos argumentos da lógica, e cujo lema é ver para crer.

O apelo aos Espíritos se faz em nome de Deus, com respeito e reverência; é a única condição para observar se quiser interagir com Espíritos sérios e elevados.

Os médiuns apresentam aptidões que são muito variadas, tornando-os mais ou menos adequados para a obtenção de um fenômeno ou um tipo específico de comunicação. De acordo com essas habilidades, distinguem-se em: médiuns de *efeitos físicos*, de *comunicações inteligentes*, *videntes*, *falantes*, *auditivos*, *sensitivos*, *desenhistas*, *poliglotas*, *poetas*, *músicos*, *escritores*, *curadores* etc. Alguns médiuns adormecem sob a influência magnética dos Espíritos: no estado de sono, a alma deixa o corpo ao qual está sempre relacionada por uma ligação fluídica e os Espíritos vêm um após o outro ocupar esse corpo para dele se servir como se fosse o seu próprio envoltório, para comunicar-se com os assistentes.

A faculdade mediúnica se radica no organismo; ela é independente das qualidades morais do médium e se encontra desenvolvida tanto nos mais indignos quanto nos mais dignos. Sua finalidade é colocar-nos em relação direta com as almas daqueles que viveram para receber seus ensinamentos e iniciar-nos na vida futura. Assim como a visão nos conecta com o mundo visível, a mediunidade nos conecta com o mundo invisível. O que constitui o médium propriamente dito é a sua faculdade mediúnica; sob este aspecto, ele pode ser mais ou menos formado, mais ou menos desenvolvido. Acontece mesmo com os melhores médiuns ser objeto de mistificações por parte de Espíritos levianos ou zombeteiros. Há também intermitências na faculdade mediúnica, ou seja, alguns médiuns cessam de receber comunicações espíritas durante intervalos mais ou menos longos, de alguns dias ou de vários meses; ocorre até de a faculdade mediúnica perder-se totalmente, por qualquer motivo ou sem que se possa atribuir uma causa a esse incidente.

Nas manifestações físicas, em certos casos, a penumbra é necessária, o que não deve ser invocado contra a realidade dos fenômenos, pois em química também há combinações que não podem ser obtidas à luz. Ora, sendo os fenômenos espíritas resultantes de fluidos próprios do Espírito e do médium, pode acontecer que o fluido luminoso seja contrário a esta combinação. As comunicações inteligentes também acontecem através da ação fluídica do Espírito sobre o médium; é necessário que o fluido deste se identifique com o daquele. A facilidade de comunicação depende do grau de afinidade entre os dois fluidos. Cada médium é, portanto, mais ou menos apto a receber a impressão ou o impulso do pensamento de um Espírito; ele pode ser um bom instrumento para um e ruim para outro. Daí resulta que, para dois médiuns igualmente bem dotados e colocados um ao lado do outro, um Espírito poderá manifestar-se por um e não pelo outro. Não basta ser médium para receber com igual facilidade as comunicações de qualquer Espírito. Não existem médiuns universais para as evocações, bem como não existem médiuns com a capacidade de produzir todos os fenômenos físicos. Sem a harmonia, que é a única que pode trazer assimilação fluídica, as comunicações são impossíveis, incompletas ou falsas. A assimilação fluídica pode ocorrer imediatamente, mas o mais comum é estabelecer-se gradualmente, ao longo do tempo, entre o médium e o Espírito. A assimilação fluídica é necessária tanto nas comunicações pela tiptologia quanto na escrita, visto que, em ambos os casos, trata-se da transmissão da mente do Espírito. Seja qual for o modo de comunicação, a prática do espiritismo, do ponto de vista experimental, apresenta muitas dificuldades e não é livre de inconvenientes para quem não tem a experiência necessária. O espírita esclarecido se defende do entusiasmo que cega;

ele observa tudo com calma; dessa forma, ele corre menos risco de ser enganado por mistificadores e se previne das ilusões.

O espiritismo não descobriu nem inventou os Espíritos, tampouco descobriu o mundo espiritual, no qual o ser humano sempre acreditou, em toda parte do mundo. Somente traz para apoiar a verdade da existência além-túmulo provas materiais, fatos inegáveis e os mostra sob seu verdadeiro aspecto, libertando dos preconceitos e das ideias supersticiosas católicas ou de outros fatores que levam à descrença.

O auto de fé de Barcelona

Os escárnios, as calúnias, as perseguições não faltaram contra a doutrina espírita; é o cortejo habitual para as verdades que aborrecem os hipócritas, os fanáticos, os egoístas. O clero católico foi particularmente afetado com a propaganda das novas ideias; os sacerdotes vivem na ociosidade, praticam a burla na maior escala, prendem e assassinam os livres-pensadores; eles tinham, portanto, que lançar ataques contra os espíritas, que vieram rasgar os véus que cobriam o fanatismo católico. Entre os seus atos, contentamo-nos em relatar um episódio que bastará para dar uma ideia da fúria desses inimigos da verdade:

No dia 2 de outubro de 1862, foi realizado em Barcelona, a maior cidade da Espanha, por sua

Esplanada da cidadela, em Barcelona, local onde se faziam as execuções capitais e que foi palco do auto de fé que queimou as obras espíritas

população e pela atividade de seus habitantes, um *auto de fé* na praça pública que servia para as execuções capitais.[15] Sobre um cadafalso construído de pedras, criado para a ocasião, foi colocado um amontoado de madeira resinosa sob uma grade de ferro. No topo da estrutura foram alinhadas várias pilhas de livros espíritas condenados a serem queimados pelo bispo de Barcelona. Os livros não tinham sido introduzidos clandestinamente na Espanha; foram apreendidos por ordem do

[15] Nota da Editora: neste ponto, há um engano do autor, pois o auto de fé de Barcelona ocorreu a 9 de outubro de 1861.

bispo. Após serem analisados por um tribunal eclesiástico, eles foram declarados nocivos para a moral e a religião e, por fim, condenados às chamas. O destinatário proprietário dessas obras, Maurice Lachâtre, autor da *História dos papas*, então exilado e vivendo em Barcelona, nem tinha conseguido uma audiência junto aos juízes para dar explicações sobre o valor moral dos livros espíritas e sobre as doutrinas lá expostas. Os seus protestos não tiveram êxito perante as autoridades civis, que se declararam incompetentes no conflito. A sentença condenatória recebeu sua plena execução. No dia fixado pela sentença eclesiástica, às 10 horas da manhã do dia 2 de outubro de 1862,[16] um grupo de sacerdotes paramentados saiu da catedral de Barcelona, com velas acesas, cruzes na frente, sacristãos, delatores e crianças coristas. O carrasco da cidade, acompanhado por seus dois assistentes, seguia o cortejo que se dirigia para a esplanada onde os criminosos condenados à morte eram geralmente *garroteados* – o *garrote*, usado na Espanha, faz as vezes da guilhotina, utilizada na França. O alto dignitário da igreja que comandava essa milícia sagrada se aproximou do cadafalso, com a cruz em uma mão e uma tocha acesa na outra; entoou um canto eclesiástico de danação e de excomunhão, em homenagem ao Pai, ao Filho e ao Espírito Santo, deu três voltas

[16] Ver nota anterior.

em torno da pilha de lenha, seguido por seus sacerdotes, e em seguida ateou fogo à madeira, que cercou de chamas os livros excomungados, os quais foram completamente consumidos. As cinzas da fogueira e os restos de folhetos foram enviados no mesmo dia a Paris, em uma carta dirigida a Allan Kardec, o autor dos livros, pelo seu amigo exilado, o condenado político. A partir desse momento, começou a iniciação da Espanha à doutrina espírita; os jornais da época publicaram artigos fulminantes contra as práticas bárbaras da Igreja e chamaram a atenção do público para o Espiritismo. Os volumes que foram queimados – como a fênix da fábula – não demoraram a renascer das suas cinzas; todos foram traduzidos para o espanhol. Pouco tempo depois, cada cidade da península teve seus grupos espíritas repletos de seguidores.

As perseguições e as condenações preparam o triunfo da verdade.

Organização dos grupos espíritas

Todo espírita de boa vontade pode tornar-se o promotor de um grupo em qualquer lugar em que se encontre, no campo ou na cidade. A primeira condição necessária para a constituição de um grupo é ter um local para receber os adeptos e os visitantes em dias determinados, especialmente à noite, após o trabalho diário. A segunda condição é poder ler e comentar as obras da doutrina. O número de pessoas que fazem parte de um mesmo grupo é indiferente; pode ser restrito a poucos seguidores ou constituir-se de cem ou mais, dependendo da localização, das circunstâncias, do número de médiuns, da natureza das comunicações e das qualidades morais dos assistentes. A cada sessão ou por um tempo determinado, o grupo elege um presidente e seus assessores responsáveis da direção dos trabalhos e dos estudos. As sessões devem ser reais e divididas para a parte doutrinária e a parte experimental, de acordo com o grau de instrução do grupo. Ali, tudo deve acontecer com reverência e dignidade. Os Espíritos têm mais facilidade para comunicar-se através de médiuns em uma reunião do que na intimidade, tendo à sua disposição uma quantidade de fluido que extraem dos assistentes e do qual eles se servem para relaxar os órgãos dos médiuns.

Somos todos médiuns ou suscetíveis de nos tornarmos pela prática; é necessário exercer-se de modo alternado e de acordo com a natureza da mediunidade, quer individualmente, quer em pequenos grupos ou em reunião pública. É quase certo que, de cada dez pessoas reunidas em torno de uma mesa, três ou quatro conseguem produzir efeitos físicos para movê-la, e um ou dois terão sucesso em comunicações inteligentes escritas – depois de esperar trinta minutos após a primeira sessão. No entanto, se os fenômenos não ocorrem na primeira reunião, isso não significa que nenhum dos assistentes tem a faculdade mediúnica; devemos perseverar nos ensaios durante as sessões seguintes; o sucesso, ainda que tardio, virá ao seu tempo.

As orientações técnicas sobre a parte experimental do espiritismo não podem entrar no quadro deste livro. Devemos limitar-nos ao resumo que fizemos da doutrina indicando brevemente o papel do médium no cumprimento dos fenômenos, e como podem formar-se fora de grupos ou isoladamente, testando suas faculdades e por uma prática regular. Para obter informações adicionais, nossos leitores devem recorrer ao catálogo do nosso editor e fazer a escolha dos livros relativos à doutrina. Eles encontrarão nessas obras soluções às questões que teriam a colocar e que não pudemos abordar em uma exposição tão rápida como esta. O espiritismo está incluído no nosso volume apenas a título secundário,[17] embora o assunto mereça ocupar o primeiro lugar nos estudos de um livre-pensador. Mas a cada um sua tarefa. Tínhamos que revelar ao mundo *O livro secreto dos padres*; nossa obra é concluída, a tarefa está cumprida...

---

[17] Nota da editora: O autor se refere ao fato de o título original desta obra ser *Uma nova filosofia, o espiritismo.*, expressão que foi invertida na tradução da obra para o português.

Allan Kardec

por Maurice Lachâtre
(*Nouveau dictionnaire universel*,
"Allan Kardec")

ALLAN KARDEC (Hippolyte-Léon-Denizard Rivail). Chefe e fundador da doutrina dita espírita, nascido em Lyon, no dia 3 de outubro de 1804, originário de Bourg em Bresse, departamento do Ain. Embora filho e neto de advogados, e de uma antiga família que se distinguiu na magistratura e no foro, ele não seguiu essa carreira; cedo dedicou-se ao estudo das ciências e da filosofia. Aluno de Pestalozzi, na Suíça, tornou-se um dos eminentes discípulos do célebre pedagogo, e um dos propagadores de seu sistema de educação, que exerceu uma grande influência sobre a reforma dos estudos na França e na Alemanha. É nessa escola que se desenvolveram as idéias que deviam mais tarde colocá-lo na classe dos homens de progresso e dos livres pensadores. Nascido na religião católica, mas educado em um país protestante, os atos de intolerância que ele teve de suportar a esse respeito, fizeram-no, desde a idade de quinze anos, conceber a idéia de uma reforma religiosa, na qual trabalhou em silêncio durante longos anos, com o pensamento de chegar à unificação das crenças; mas faltou-lhe o elemento necessário para a solução desse grande problema. O espiritismo veio mais tarde fornecer-lhe e imprimir uma direção especial aos seus trabalhos. Por volta de 1850, assim que se tratou das manifestações dos Espíritos, Allan Kardec se entregou às observações perseverantes sobre esses fenômenos, e se dedicou principalmente a deduzir deles as conseqüências filosóficas. Neles entreviu antes de tudo o princípio de novas leis naturais: aquelas que regem as relações do mundo visível e do mundo invisível; reconheceu na ação deste último uma das forças da natureza, e seu conhecimento devia lançar luz sobre uma multidão de problemas reputados insolúveis, e compreendeu o alcance disso do ponto de vista científico, social e religioso.

Suas principais obras sobre essa matéria são: *Le livre des esprits*, para a parte filosófica, e cuja primeira edição apareceu no dia 18 de abril de 1857; *Le livre des médiums*, para a parte experimental e científica (janeiro de 1861); L'*évangile selon le spiritisme*, para a parte moral (abril de 1864); *Le ciel et l'enfer, ou la justice de Dieu selon le spiritisme* (agosto de 1865); la *Revue Spirite*, journal d'études psychologiques, coleção mensal começada no dia 1o de janeiro de 1858. Ele fundou em Paris, no dia 1o de abril de 1858, a primeira sociedade espírita regularmente constituída sob o nome de Société parisienne des études spirites, cujo objetivo exclusivo é o estudo de tudo o que pode contribuir para o progresso dessa nova ciência. O próprio Allan Kardec, se proíbe de escrever sob a influência de idéias preconcebidas ou sistemáticas; homem de um caráter frio e calmo, observou os fatos, e de suas observações deduziu as leis que os regem; primeiro deu a teoria e dela formou um corpo metódico e regular. Demonstrando que os fatos falsamente classificados de sobrenaturais estão submetidos a leis, ele os faz entrar na ordem dos fenômenos da natureza e destrói assim o último refúgio do maravilhoso, um dos elementos da superstição. Durante os primeiros anos em que o assunto foram os fenômenos espíritas, essas manifestações foram antes um objeto de curiosidade que um assunto de meditações sérias; *Le livre des esprits* fez olhar a coisa sob um outro aspecto; então deixaram-se as mesas girantes, que só tinham sido um prelúdio e se concentrou em um corpo de doutrina que abarcava todas as questões que interessavam à humanidade. Da aparição de *Le livre des esprits* data a verdadeira fundação do espiritismo, que, até então, não possuíra senão elementos dispersos sem coordenação, e cujo alcance não pudera ser compreendido por todo mundo; desse momento também a doutrina fixa a atenção dos homens sérios e tomou um desenvolvimento rápido. Em poucos anos, essas idéias encontraram numerosos partidários em todos os níveis da sociedade e em todos os países.

Esse sucesso, sem precedente, se deve,sem dúvida, às simpatias que essas idéias encontraram, mas é devido também em grande parte à clareza,que é um dos caracteres distintivos dos escritos de Allan Kardec. Abstendo-se das fórmulas abstratas da metapsíquica, o autor soube pôr-se ao alcance de todo o mundo e fazer-se lido sem fadiga, condição essencial para a vulgarização de uma idéia. Sobre todos os pontos de controvérsia, sua argumentação, de uma lógica rigorosa, oferece pouca margem à refutação e predispõe à convicção. As provas materiais que dá o espiritismo da existência da alma e da vida futura tendem à destruição das idéias materialistas e panteístas. Um dos princípios mais fecundos dessa doutrina, e que decorre do precedente, é o da pluralidade das existências, já entrevisto por várias filosofias antigas e modernas, e nestes últimos tempos por Jean Reynaud, Charles Fourier, Eugène Sue e outros; mas permanecera no estado de hipótese e de sistema, enquanto o espiritismo demonstra a realidade disso, e prova que é um dos atributos essenciais da humanidade. Desse princípio decorre a solução de todas as anomalias aparentes da vida humana, de todas as desigualdades intelectuais, morais e sociais; o homem sabe assim de onde vem, para onde vai, para que fim está na terra, e por que aí sofre. As idéias inatas se explicam pelos conhecimentos adquiridos nas vidas anteriores; a marcha dos povos e da humanidade, pelos homens dos tempos passados que revivem após ter progredido; as simpatias e as antipatias, pela natureza das relações anteriores; essas relações, que reatam a grande família humana de todas as épocas, dão como base as mesmas leis da natureza, e não mais uma teoria, aos grandes princípios de fraternidade, de igualdade, de liberdade, e de solidariedade universal.

A doutrina espírita, tal qual ela ressalta das obras de Allan Kardec, encerra em si os elementos de uma transformação geral nas idéias, e a transformação da idéias leva forçosamente à da sociedade. Nesse ponto de vista ela merece a atenção de todos os homens de progresso. Como sua influência se estende já sobre todos os países civilizados, dá à personalidade de seu fundador uma importância considerável, e tudo faz prever que, em um futuro talvez próximo, ele será citado como um dos reformadores do século XIX.

L. Mar del.

Maurice Lachâtre, desenho extraído da obra *Nouveau dictionnaire universel, 1865.*

Esta edição foi impressa em Março de 2014 pela Markpress Brasil Indústria Gráfica Ltda., de São Paulo, SP, para o Instituto Lachâtre, sendo tiradas mil cópias, todas em formato fechado 110x180mm e com mancha de 85x155mm. Os papéis utilizados foram o Offset LD 75g/m^2 para o miolo e o Cartão Supremo Alta Alvura LD 300g/m^2 para a capa. O texto principal foi composto em ITC Berkeley 12/15,4, os títulos foram compostos em Editor Cndn 26/39, as citações e as notas de rodapé, em ITC Berkeley 10/12. A revisão foi feita por Alexandre Caroli Rocha. A programação visual da capa foi elaborada por César França de Oliveira.